KNAUR✷

Über die Autorin:

Nina Deißler, geboren 1974, ist u.a. Marketingfachwirtin und systemischer Coach und arbeitet seit 1999 als Beraterin im Bereich Partnerschaft und Partnersuche. Seit 2002 gibt sie deutschlandweit Seminare zum Thema Liebe und Flirt. Durch ihre zahlreichen, erfolgreichen Bücher und TV-Auftritte hat sie sich einen Namen als Beziehungsexpertin gemacht.

Nina Deißler

Beziehungsstatus: kompliziert

Die absolute Wahrheit über Männer, Frauen, Sex und Liebe

Besuchen Sie uns im Internet:
www.knaur.de

Originalausgabe Februar 2016
Knaur Taschenbuch
© 2016 Knaur Verlag
Ein Imprint der Verlagsgruppe
Droemer Knaur GmbH & Co. KG, München
Alle Rechte vorbehalten. Das Werk darf – auch teilweise – nur mit
Genehmigung des Verlags wiedergegeben werden.
Lektorat: Nadine Lipp
Covergestaltung: Franzi Bucher, München
Satz: Adobe InDesign im Verlag
Druck und Bindung: CPI books GmbH, Leck
ISBN 978-3-426-78761-8

2 4 5 3 1

Inhalt

Intro

Es ist kompliziert

Vermutlich kann man diesen »Beziehungsstatus« bald nicht nur beim größten sozialen Netzwerk Facebook auswählen, sondern auch im eigenen Personalausweis als Alternative ankreuzen.

Dieser Ausdruck beschreibt inzwischen einen Gesamtzustand, den jeder – egal ob er Single, in einer Beziehung, verheiratet oder geschieden ist – zu kennen scheint: Jeder weiß, dass sein »Beziehungsstatus« Vor- und Nachteile hat, aber vor allem, dass er eins ist: kompliziert. Wer Single ist, möchte es lieber nicht sein und sucht ständig nach einem Partner. Wer einen Partner hat, muss eine glückliche, ausfüllende Beziehung führen, muss sich arrangieren und wäre manches Mal lieber wieder Single. Und dann versuchen auch noch Leute wie ich, einem zu sagen, wie man es richtig macht, und das macht die Sache erst recht kompliziert. Man weiß dann zwar, was man »falsch« macht, kann es aber nicht ändern. Und dabei geht es doch um die Liebe, die an sich schönste Sache der Welt!

Warum ist das alles so schwierig? Eigentlich hatten wir nie zuvor bessere Chancen, eine glückliche Partnerschaft (oder ein glückliches Leben ohne Partner) zu führen. Nie zuvor waren wir freier, hatten mehr Zugang zu so vielen potenziell perfekten Partnern und noch nie mehr Möglichkeiten, diesen zu begegnen als heute. In zigtausend Onlineforen, Blogs und Büchern können wir Tipps, Tricks und sinnvolle Informationen darüber finden, wie man »die/den Richtige/n« findet, erkennt, anzieht und auszieht, wie man eine gute Partnerschaft führt und den Partner verführt, wie man als Single glücklich wird, seine wahre Bestimmung findet oder Gleichgesinnten für alle möglichen Spielarten der Sexualität begegnen kann.

Wir hatten niemals mehr Möglichkeiten – und vermutlich auch niemals mehr Schwierigkeiten als heute. Denn in einer sehr kurzen Zeit hat sich die Kultur der Partnerschaft und der »Auswahl« des passenden Partners so radikal verändert, dass kaum noch jemand wirklich durchzublicken scheint. Und genau deshalb ist dieser »Beziehungsstatus« vermutlich gerade so etwas wie der Ausdruck einer Gesamtsituation zwischen Männern und Frauen: Es ist kompliziert.

Seit ich vor etwa 20 Jahren meine ersten »Klienten« beraten habe, hat sich unglaublich viel verändert, vor allem durch das Internet. Kaum jemand, der nicht seine unendlichen Möglichkeiten nutzt, auch bei der Partnersuche. In den 1980ern war es zwar bisweilen auch schon kompliziert, jemanden kennenzulernen, aber es war zumindest noch spannend, da man sein Gegenüber vorher nicht googeln konnte. Es hat sich viel verändert, doch einiges ist auch gleich geblieben: Wir haben immer noch die gleiche Sehnsucht nach Liebe.

Wie wir den Herausforderungen des »modernen Lebens und Liebens« und hoffentlich einander begegnen, darum geht es in diesem Buch.

Du machst was?!

Ich stehe auf dem Vorplatz einer Veranstaltungshalle und unterhalte mich mit anderen Teilnehmern eines Kommunikationstrainings, das ich besuche. Die Gruppe ist bunt gemischt, Männer und Frauen zwischen Anfang zwanzig und Ende fünfzig aus allen Ecken Deutschlands: Therapeuten, Führungskräfte, Selbständige, Studenten. Vor allem in den Kaffeepausen lernt man die unterschiedlichsten Menschen besser kennen, die an diesem Seminar teilnehmen. Und irgendwann kommt sie immer, die unvermeidliche Frage: »Und was machst du?«

Ich coache und berate Menschen in Liebesangelegenheiten: Männer und Frauen, Singles, Paare, Getrennte, Verliebte, junge und alte Menschen zu allen Themen, die damit zu tun haben, wie man einen Partner findet, behält, loswird, zurückbekommt (und oft genug auch, warum man das vielleicht nicht wollen sollte). Ich tue eigentlich nichts anderes, als damit zu arbeiten, darüber zu schreiben und darüber zu reden. Ich bin »Beziehungscoach« – oder wie die Presse gerne schreibt: ein »Date Doktor« –, und ich wünschte manchmal, es wäre immer so leicht, lustig und oberflächlich, wie es im ersten Moment klingt.

Als ich vor etwa 25 Jahren – damals um die 16 – das erste Mal einen meiner Kumpels beiseitenahm und ihm ein paar

Tipps gab, wie er seine heimliche Flamme von sich begeistern könne, hatte ich nicht die leiseste Ahnung, wohin das mal führen würde.

Ehrlich gesagt, habe ich meinen Kumpel und später andere Jungs aus meinem Freundeskreis nicht unbedingt »gecoacht«, vielmehr habe ich ihnen meist gesagt, womit sie unbedingt aufhören müssen: »Natürlich merkt sie, dass du sie magst, wenn du bei allem, was sie sagt, immer eifrig nickst und ›Ja, find ich auch!‹ sagst, aber es macht dich doch nicht besonders interessant für sie!« So oder so ähnlich sah damals mein »Coaching« aus, für das ich (leider) noch kein Honorar verlangte. Hätte ich vielleicht mal machen sollen …

Lernen kann man meinen »Beruf« nicht – es gibt keine Ausbildung, wie bei einem Schreiner, Wirtschaftsprüfer oder Maschinenbauingenieur. Es ist vielmehr der Wille und der Mut, jeden Tag etwas über Menschen und Beziehungen zu lernen und alles Wissen über Psychologie, Kommunikation und ihre Besonderheiten in Bezug auf »zwischengeschlechtliches Miteinander« nicht nur zu erfahren, sondern auch zu erforschen und bisweilen nahezu leichtsinnig an sich selbst auszuprobieren.

Während ich nach der Schule »etwas Ordentliches« lernte und etwa 10 Jahre lang in Vertrieb und Marketing internationaler Firmen meine Brötchen verdiente, ließ mich das Thema »Männer und Frauen« nie los. Interessiert verschlang ich Buch um Buch von Autoren wie John Gray über die seltsamen Verhaltensweisen von Mars- und Venus-Bewohnern oder von Chuck Spezzano über die Liebe und ihre wundersame Energie und allerlei populärwissenschaftliche Literatur von Carnegie bis Watzlawick. Vor allem aber beobachtete ich Menschen – und am liebsten beobachtete ich Männer. Ich fand es oft unglaublich komisch, wie Männer sich verhielten:

untereinander und Frauen gegenüber. Ich beobachtete Paare, wie sie miteinander umgingen, und versuchte zu erraten, wie lange sie wohl schon zusammen waren – oder wie lange noch.

Gelegentlich jobbte ich nebenbei als Barkeeperin und hatte dabei reichlich Gelegenheit, Männer zu beobachten. Dabei hatte ich auch immer wieder Begegnungen mit Männern, die sich Rat bei mir holten, während sie ihren aktuellen Kummer (fast immer wegen einer Frau) an der Bar zu ertränken versuchten. Das brachte mich irgendwann auf die Idee, dass es gerade bei Männern Bedarf gab, Antworten zu erhalten auf Fragen, die sie niemandem sonst stellen konnten. Und so beschloss ich, den Barkeeper-Job an den Nagel zu hängen und meine Antworten ohne die Beigabe von Drinks direkt an den Mann zu bringen.

In einem regionalen Szene-Magazin schaltete ich eine Anzeige mit dem Wortlaut: »Wie wirken Sie als Mann auf das andere Geschlecht? Weiblicher Coach bietet ehrliches Feedback und Tipps gegen Honorar.« Ich verabredete mich mit meinen »Klienten« zu einer Art Blind Date in Restaurants und Cafés und gab ihnen nach einer Stunde Kennenlernen ein Feedback zu ihrer Wirkung: Was war mir (negativ und positiv) aufgefallen, was hatte mich irritiert, gelangweilt oder begeistert? Wie wirkten sie auf mich, und was würde ich denken, wäre ich ein »echtes« Date? Im Anschluss daran durften sie mir alle Fragen stellen, Fallbeispiele aus ihrem Leben mit mir besprechen und bekamen von mir Tipps für mehr Erfolg in Sachen Dating und Frauen.

Ich erzählte den Männern »die absolute Wahrheit über Frauen, Sex und Liebe« – aus der Sicht der Frauen. Und über einiges davon staunten die Männer nicht schlecht.

Es war ein einfaches Konzept, mit dem ich zunächst nur

Erfahrungen sammeln und Spaß haben wollte. Mein erster Klient, ein etwa fünfzigjähriger, aufgeschlossener und eloquenter Mann, lud mich zum Treffen in ein edles Restaurant in der Altstadt ein, und nach einer halben Stunde Geplauder hatte ich den Eindruck, dass dieser Mann eigentlich keine Probleme bei einem Date haben sollte: Er war weder schüchtern, noch wirkte er in irgendeiner Form verunsichert oder »hilfsbedürftig«. Ich fragte ihn, warum er mich gebucht hatte. Er schmunzelte und kam dann ohne Umschweife zum Grund des Treffens: Als er die Anzeige gelesen hatte, fand er die Idee so interessant, dass er mich unbedingt mal kennenlernen wollte. Es war ihm das Honorar wert, von mir aus erster Hand zu erfahren, was ich in so einem »Job« alles erlebte, und wollte gerne ein paar meiner Geschichten hören.

Für einen kurzen Moment war ich perplex, doch dann hatte ich die rettende Idee: Schließlich hatte ich ja inzwischen einige Erfahrungen gemacht und viele Männer beraten, wenn auch »nur« im Bekanntenkreis oder am Tresen. Zum ersten Mal war ich so richtig dankbar für all die Miseren und Macken meiner männlichen Freunde und Gäste und die vielen Stunden, in denen ich ihnen bis dahin zugehört und Rat erteilt hatte, denn daraus konnte ich nun schöpfen, um meinen ersten »richtigen Klienten« nicht enttäuschen zu müssen. Er amüsierte sich köstlich und zahlte bereitwillig Restaurantrechnung und Honorar.

Als ich wieder in meinem Wagen saß, atmete ich erleichtert durch – das war ja vielleicht eine Geschichte! Doch ich lernte eine wichtige Lektion: Bei jedem Treffen, egal ob bei einem Date oder einem »geschäftlichen« Anlass, möchten die Beteiligten sich wohl fühlen, wenn möglich ein bisschen amüsieren und sehr gerne etwas Neues erfahren oder lernen. Dabei ist es nicht wichtig, ob man alle Details einer Geschichte detailgetreu preisgibt – es geht doch nur um das, was das Gegenüber interessiert.

Diesem ersten Treffen folgten viele weitere mit Männern jeglicher Couleur: schüchterne Physiker, unbeholfene Malermeister, introvertierte Buchhalter, halsstarrige Beamte, forsche Vertriebsleiter, lüsterne Rentner. Es war von allem was dabei. Manchmal genau dem Klischee entsprechend und dann auch wieder ganz im Gegenteil. Manchmal anstrengend, manchmal einfach nur schön und bisweilen auch regelrecht skurril.

Einmal traf ich einen Mann, der von mir wissen wollte, wie er beim Speeddating erfolgreicher sein könnte. Schon viele Male hatte er an Veranstaltungen teilgenommen, bei denen er in sieben mal sieben Minuten sieben Frauen getroffen hatte und inzwischen »aus Gründen der Effizienz« stets alle sieben für ein Wiedersehen »angekreuzt« hatte, denn man konnte ja nie wissen. Doch offenbar hatte keine der Damen diesen Wunsch je erwidert. Also wollte er wissen, wie er beim Speeddating interessanter wirken könnte. Auf meine Frage, welche anderen Wege er noch beschreiten würde, um eine Partnerin zu finden, erntete ich zunächst einen irritierten Blick: Er erklärte mir, als sei ich ein wenig begriffsstutzig, dass es doch wohl keinen effizienteren Weg gäbe als das Speeddating, wo er nur eine gute Stunde »investieren« müsse, um gleich sieben Frauen zu treffen, die Single und auf Partnersuche seien. Ich bin nicht sicher, ob es mir damals gelungen ist, ihm zu vermitteln, dass das Verlieben nicht unbedingt etwas mit Effizienz zu tun hat – doch auch ich brauchte eine Weile, um dieses Erlebnis für mich als »Lektion in Sachen Mann« zu begreifen und richtig einzuordnen. Doch dazu später.

Die Männerberatung machte Spaß, und dass ich später irgendwann mal selbständig arbeiten wollte, vielleicht auch als Coach oder Trainerin, das war mir schon klar. Aber ich hätte nie gedacht, dass ich eines Tages hauptberuflich Männer und Frauen im Zueinanderfinden beraten würde. Ich sah darin zunächst wenig Potenzial, schließlich könnte ich mich nicht jeden Abend mit einem Mann verabreden, um ihn zu coachen. Nein, erwiderte mein damaliger Freund, aber ich könne doch auch Kurse anbieten, Flirtkurse zum Beispiel.

Ich lachte. Schallend.

Heute, etwa 15 Jahre später, habe ich Hunderte von Kursen zum Thema Flirten, Daten und erfolgreiche Partnersuche und Partnerschaft entwickelt und geleitet. Ich habe Tausende von Menschen gecoacht, trainiert, beraten. In den Medien wurde ich als »Deutschlands Datedoktorin Nr. 1« betitelt, und ich habe bereits bei so ziemlich jeder Zeitschrift, Zeitung, bald jedem Fernseh- und Radiosender unzählige Tipps und Tricks, Interviews oder Dokumentationen veröffentlicht, bei denen es immer wieder nur um diese Themen ging – Männer und Frauen, Liebe, Flirten, Sex und Partnerschaft.

Und immer wieder, wenn ich die Frage nach meinem Beruf beantworte, heißt es: »Du machst was?!«

Menschen in Sachen Liebe auf die Sprünge zu helfen – das kann man nicht als »Job« machen, es muss schon eine »Passion« sein, und es hilft, wenn man ein bisschen verrückt und sehr neugierig ist oder vielleicht auch andersherum.

In meinen Coachings und Seminaren nehme ich kein Blatt vor den Mund. Wenn es um das Thema Partnerschaft geht, reden wir oft genug über Liebe, Gemeinsamkeiten, Kommunikation, Hoffnung und Enttäuschung, Lebensziele und all solche Dinge. Ich rede auch über Sex, über Klischees und Vorurteile, über die Grenzen von »Political Correctness«

und »Gender Mainstreaming« und darüber, was Männer und Frauen antörnt – und was nicht. Denn all das gehört dazu, wenn wir heute über Beziehungen und Partnerschaft sprechen.

Meine Klienten und Kursteilnehmer bezahlen mich dafür, dass ich ihnen die Wahrheit sage – auch wenn diese nicht immer schön, schmeichelhaft oder »politisch korrekt« ist.

Natürlich ist das bisweilen eine sehr persönliche Wahrheit, eine subjektive Wahrheit. Doch im Grunde gibt es keine »Wahrheit«, die nicht subjektiv ist. Wer will schon von sich behaupten, er könne objektiv sein? Wir alle sind geprägt von unseren Erlebnissen, unserer Erziehung, unserer Umwelt und unserem täglichen Tun. Und natürlich ist »meine Wahrheit« auch nicht immer bierernst: Ich mag es, wenn meine Leser und Zuhörer sich gut amüsieren, und ich übertreibe dafür auch manchmal ein bisschen – und dennoch geht es für mich darum, dass Männer und Frauen sich verstehen und es etwas weniger kompliziert wird.

»Kann man denn davon leben?«, fragt mich ein etwa fünfzigjähriger Personalberater aus Freiburg, dem bei meiner Antwort auf die Berufsfrage die Kinnlade in die Kaffeetasse gefallen ist.

»Nur wenn man wirklich gut ist«, sage ich und zwinkere ihm ein wenig verschmitzt zu. Er wird rot.

👍 Gefällt mir.

Partnersuche im 21. Jahrhundert

Ein Freund meines Mannes ist jetzt bei Tinder. Sollte jemand Tinder noch nicht kennen: Das ist eine Dating-App, bei der man Fotos von paarungswilligen Singles im Umkreis seines jeweiligen Standortes nach Gefallen sortieren kann, bei gegenseitigem Gefallen kann man sich kontaktieren. Als er bei uns in Norddeutschland zu Besuch ist und sein Smartphone aus der Tasche zieht, kann ich mir anschauen, welche Frauen im Umkreis von 10 Kilometern auf Partnersuche sind. Drei davon kenne ich, eine davon ist kein Single. Lustigerweise ist **mir** das peinlich.

Ich finde es völlig verrückt und nahezu unglaublich, dass dieser Mann (immer noch) Single ist. Aber er sagt, in Berlin sei das inzwischen völlig normal. Es sei fast unmöglich, jemanden »normal« kennenzulernen und dann auch noch mit der Person zusammenzukommen. Die meisten Leute, so meint er, hätten ständig das Gefühl, etwas zu verpassen, ganz egal was sie tun. Sie wollen sich nicht auf einen Partner einlassen, und je älter sie werden, desto schräger werden ihre Anforderungen und ihre Macken. Er zuckt mit den Schultern, als er das sagt, und es wirkt fast so, als habe er längst aufgegeben, eine Frau kennenzulernen, in die er sich verlieben und mit der er leben kann.

Aber auch in Großstädten wie Berlin, Hamburg od
gibt es noch Paare. Dort haben sich die Menschen j
nicht nur durch den Zuzug von Schwaben und Ostwe
»vermehrt«.

Was ist passiert?

Der Wunsch der Menschen nach einer Partnerschaft hat
sich seit Jahrzehnten kaum verändert. Immer noch wünscht
sich die Mehrheit aller Frauen und Männer gleichermaßen
eine glückliche, anhaltende Beziehung, die meisten möchten
nach wie vor heiraten und eine Familie gründen.

Das klingt zunächst so, als hätte sich nicht viel verändert,
außer dass wir heute weniger existenzielle Probleme haben,
freier und flexibler sind als früher. Im Vergleich zur Generation unserer Eltern und Großeltern ist der Lebensstandard
viel besser. Also könnte in Sachen Beziehung eigentlich alles
ganz einfach sein, oder?

Eigentlich.

Nach wie vor suchen Männer wie Frauen den richtigen
Partner. Eigentlich genau so wie bereits alle Generationen
vor ihnen.

Eigentlich.

**Die Sache, die es so kompliziert macht, ist, dass wir uns
heutzutage in zwei Dingen ganz massiv von allen vorherigen Generationen unterscheiden. Nämlich darin, was die
Wörter »suchen« und »der/die Richtige« bedeuten.**

Was das »Suchen« angeht, so scheint die massive Auswahl,
die uns die Technologie von heute bietet, eher ein Hindernis
zu sein als eine Hilfe. Niemals zuvor hat sich in so kurzer Zeit
die Art, wie wir suchen können, so stark verändert wie in
den letzten 20 Jahren. Nicht nur hat fast jeder von uns einen

Internet-Anschluss zu Hause und damit (zumindest theoretisch) Zugriff auf Millionen von (theoretischen) Traumpartnern in jedem Winkel dieses Planeten, inzwischen haben die meisten von uns auch einen kleinen Hochleistungscomputer mit Peilsender in ihrer Hosen- oder Handtasche, genannt Smartphone, mit dem man per App herausfinden kann, wer im Umkreis von einem bis mehreren Kilometern gerade (theoretisch) »verfügbar« wäre.

Es ist gerade mal ein paar Jahrzehnte her, dass Menschen, die auf Partnersuche waren, zwangsläufig ziemlich lokal agierten: In der Regel gingen sie im Alter von 16 bis 22 Jahren auf die nächstbeste Tanzveranstaltung in ihrer Gegend und lernten jemanden aus der Nachbarschaft kennen. Danach ging man mal spazieren oder Eis essen, lernte die Eltern kennen, und wenn die sich mit dem jeweiligen Menschen einigermaßen einverstanden zeigten, gab man eine Verlobungsparty, heiratete ein paar Monate später und begann bald darauf, Kinder zu bekommen.

Wenn ich das heute bei meinen Seminaren erzähle, rollen viele Teilnehmer mit den Augen, und ich weiß genau, warum: Wenn ich mir vorstelle, dass ich heute mit einem der Männer verheiratet wäre, mit denen ich zwischen 16 und 22 ausgegangen bin, rolle ich auch mit den Augen, obwohl es mir, realistisch gesehen, vielleicht auch manchen Ärger erspart hätte.

Der amerikanische Soziologe James Bossard stellte anhand der Heiratsurkunden der Stadt Philadelphia fest, dass dort im Jahr 1932 gut ein Drittel aller Ehen zwischen Menschen geschlossen wurden, die weniger als fünf Häuserblocks voneinander entfernt lebten, und es war eine seltene Ausnahme, jemanden aus einer anderen Stadt zu heiraten. Eine von sechs Ehen wurde sogar zwischen Menschen aus demselben Häuserblock geschlossen. Diese Untersuchung bestätigte sich auch in den folgenden Jahrzehnten in vielen anderen amerikanischen Städten, und ich bin sicher, dass es in Deutschland ganz ähnlich war. Wenn ich beispielsweise an meine und an die Eltern meiner damaligen Klassenkameraden denke, so waren fast alle mit jemandem verheiratet, der aus demselben oder einem der Nachbardörfer stammte.

In meiner Generation sieht das schon ein wenig anders aus. Zwar sind auch hier immer noch einige Leute mit ehemaligen Mitschülern oder »Nachbarn« verheiratet, allerdings ist das bereits ein deutlich geringerer Anteil als in der Generation unserer Eltern. Und bei den noch Jüngeren ist es schon fast eine kleine Sensation, wenn sie nach dem Studium noch mit jemandem zusammen sind, den sie schon als Kind oder Jugendlicher kannten.

Abgesehen von den mannigfaltigen Möglichkeiten des Suchens (und den damit einhergehenden Schwierigkeiten des »Gefunden-Werdens«) hat sich die Definition von »richtig« in Verbindung mit einem Partner vor allem bei den Frauen in den letzten 50 Jahren dramatisch verändert – und genau das hat eine große Veränderung in der Partnersuche, aber auch in der Partnerschaft ganz allgemein zur Folge.

Bis in die 1970er Jahre hinein war eine Heirat für die Mehrheit der Frauen die einzige Möglichkeit, das Elternhaus zu verlassen. Mit einem Mann mal so auf Probe zusammenziehen oder gar ledig alleine leben? Undenkbar. Selbst für meine Eltern war 1973 die Heirat die einzige akzeptierte Möglichkeit des dauerhaften Zusammenlebens unter einem Dach. Meine Mutter zog quasi vom »Kinderzimmer« ihres Elternhauses in die »eheliche Wohnung«. Für die meisten Frauen war es der ganz normale Weg, von der behüteten Tochter ziemlich schnell zur Ehefrau und sehr bald darauf zur Mutter zu werden. Wer in Sachen Verhütung noch nicht so firm war, bei dem ging es manchmal auch so schnell, dass zwischen Hochzeit und erstem Kind verdächtig wenig Zeit verging.

Für Männer und Frauen der Generationen vor uns war das Finden eines Partners und die Heirat so etwas wie der Start in das Erwachsenenleben. Man besuchte die Schule so lange, wie die Eltern es sich leisten konnten und wollten, fand einen Partner und gründete eine Familie. Die Frau war zuständig für das Wohl des Mannes und der Kinder und organisierte den Haushalt. Der Mann war der Hauptverdiener und ging seinem Beruf nach, mit dem er (hoffentlich) die Familie versorgen konnte.

Die Entscheidung füreinander war demnach häufig von relativ einfachen Kriterien abhängig: Wirkte er nett und zuverlässig und als könne er eine Familie ernähren? War sie vorzeigbar und in der Lage, einen Haushalt zu führen? Dann antworten Sie bitte mit »Ja«. Hiermit erkläre ich Sie zu Mann und Frau. Bitte hier unterschreiben. Alles Gute.

In dieser Zeit heirateten viele Menschen nicht, weil sie unglaublich verliebt ineinander waren oder weil sie dachten, dass sie den anderen Menschen gut genug kannten und lange genug zusammen waren, um es offiziell zu machen, sie heirateten, weil sie eine Familie miteinander gründen konnten und das für eine gute Idee hielten.

Natürlich gab es auch genug Paare, die sehr verliebt waren. Fragt man aber heute Menschen über 60, die ihren Partner aus Liebe geheiratet haben, danach, was dieser Mensch damals so Besonderes hatte, dann fallen die Antworten für heutige Verhältnisse sehr schlicht aus. Beneidenswert schlicht:

- Sie hatte so hübsche Augen und ein tolles Lächeln.
- Er war ein guter Tänzer und brachte mich immer zum Lachen.

So oder so ähnlich klingt die Beschreibung damaliger Traumfrauen und Traummänner. Ja, es waren andere Zeiten – und man hatte ganz offenbar andere Prioritäten.

Für die meisten Frauen entpuppte sich die einzige Möglichkeit, der »elterlichen Fürsorge zu entkommen«, als Milchmädchenrechnung, da sie von der Kontrolle durch die Eltern direkt in die Pflichten als Ehefrau und meist bald auch Mutter kamen, was nicht immer besser war. Erst mit der Frauenrechtsbewegung und der fortschreitenden Gleichberechtigung änderte sich das nach und nach. Ab den späten 1970er Jahren, als eine Scheidung für Frauen nicht mehr den kompletten Verlust gesellschaftlicher Akzeptanz und Versorgung bedeutete, stieg die Scheidungsrate vor allem durch den Scheidungswunsch vieler Frauen drastisch an.

Die renommierte Familienhistorikerin Stephanie Coontz beschreibt in ihrem Buch »In schlechten wie in guten Tagen: Die Ehe – eine Liebesgeschichte« recht eindrücklich, wie wenig wir tatsächlich über die Geschichte der Ehe wissen. Bis vor etwa 200 Jahren hatte eine Ehe nichts mit Liebe zu tun und war keineswegs eine »private« oder »persönliche« Beziehung, sondern lediglich eine Art »Zweckbündnis zweier Parteien« (sprich Familien, Königshäuser, Geschäftsleute und so weiter), in der zwei Menschen sich verbanden (oder treffender: verbunden wurden), um politische, finanzielle oder gesellschaftliche Ziele zu erreichen.

Es ist noch nicht sehr lange her, dass Partnerschaft eine rein privat motivierte Verbindung zwischen zwei Menschen wurde mit dem Hauptzweck, emotionale und sexuelle Wünsche zu erfüllen. Erst damit galt Liebe als Hauptgrund einer Heirat.

Für die Eltern einer Braut spielte die Frage nach den Versorgerqualitäten des zukünftigen Ehemanns zwar noch bis weit ins 20. Jahrhundert eine große Rolle, diese Frage hat sich im Zuge der fortschreitenden Gleichberechtigung meist erübrigt, hängt aber immer noch seltsam in der Luft. Dazu aber später mehr.

Seit wir »nur noch« aus Liebe heiraten und Frauen nicht mehr von ihrem Ehemann »versorgt« werden müssen, wurden die Erwartungen an die Ehe immer größer: Sie sollte glücklich machen. Jetzt, wo das Ideal der Liebesheirat über die Zweckgemeinschaft gestellt wurde, wurde auch immer öfter das Recht auf Scheidung gefordert, falls die Liebe verging und die Ehe nicht glücklich machte.

Man begann, den Zeitpunkt der Heirat immer mehr nach hinten zu verschieben, man musste (und konnte) jetzt ja schließlich erst mal prüfen, ob man überhaupt zusammenpasste. Heute sind Heirat und das Gründen einer eigenen Familie für Menschen in der westlichen Welt nicht mehr nötig, um dem Elternhaus zu entkommen, und gehören nicht mehr zwingend zum »Erwachsenwerden« dazu. Sie werden damit eher Ziele, die später im Leben erreicht werden können. Zunächst geht es darum, das Studium oder die Ausbildung abzuschließen, einen möglichst aussichtsreichen Job zu ergattern, meist verbunden mit einem oder sogar mehreren Ortswechseln, Erfahrungen zu sammeln (auch sexueller Natur), zu reisen und etwas Neues kennenzulernen, in vielen Fällen »sich selbst zu finden« und dann möglicherweise irgendwann ... *nicht irgendjemanden* zu finden!

Nein, wir suchen heutzutage nicht nach dem netten und halbwegs passablen Menschen, mit dem wir eine Familie gründen können. Wir suchen nach *dem Traumpartner, dem Seelenverwandten!*

 **Und, wenn ich ehrlich bin: Vor allem wir Frauen suchen danach. Und genau das macht es für die meisten Männer so … kompliziert.**

Bis in die 1970er Jahre hinein galt ein Mann als guter Partner, wenn er es schaffte, die Brötchen zu verdienen, ab und zu mal Blumen mitzubringen und sonst ein halbwegs netter Kerl zu sein. Eine Frau war eine gute Partnerin, wenn sie nett wirkte, recht hübsch aussah, kochen konnte, den Haushalt wuppte und die im Schnitt erwarteten 2,5 Kinder gebar.

Für die meisten Männer ist diese Vorstellung von einer »Traumfrau« nach wie vor nicht so abwegig. Warum auch nicht? Eine nette, hübsche Frau, die gut kochen kann, die Bude aufräumt und nicht nervt, das stelle sogar ich mir sehr angenehm vor.

Uns Frauen allerdings genügt es schon lange nicht mehr, wenn er einen guten Job hat und ein halbwegs netter Kerl ist – und selbst wenn: Kerle, die einen guten Job haben und halbwegs nett sind, sind auch rar geworden, und die meisten von ihnen wollen sich nicht binden. Vermutlich aus Angst, dass es nur ein Trick der jeweiligen Frau ist, wenn sie sich damit zunächst zufriedengibt. Ist es ja meistens auch.

Je mehr Frauen sich das Recht erkämpften oder zugestanden bekamen, sich selbst und die Welt zu entdecken, zu studieren, Karrieren anzustreben, umso mehr gewannen sie auch die Kontrolle über ihren Lebenswandel, ihre Freiheit und ihre Träume. Es war einfach nicht mehr genug, einen »netten Kerl« zu heiraten und Kinder zu bekommen, wenn es da noch so viel mehr Kriterien gab, auf die geachtet werden musste!

Wenn wir uns binden, dann suchen wir nach dieser einen besonderen Person, die eben nicht nur nett ist, sondern die all unsere Bedürfnisse befriedigen kann. Jemand, mit dem wir uns wirklich verstehen, der sich bemüht, uns zu verstehen, mit dem wir reden und schweigen, lachen und weinen können. Ich will nicht sagen, dass es das in den Ehen der Generation unserer Eltern und Großeltern nicht gab, ganz im Gegenteil. Aber heute haben wir andere Prioritäten. Wir haben so viel Zeit damit verbracht, uns zu entwickeln, dass wir nicht mehr die Zeit haben, jemanden kennenzulernen und mit etwas Geduld und gutem Willen eine Partnerschaft auf Basis von Freundschaft und Respekt zu etablieren. Wir wollen, dass es »funkt«. Wir wollen uns verlieben. Wir wollen Schmetterlinge im Bauch und große Gefühle, die zu unseren großen Erwartungen passen. Und zwar sofort!, wobei … vielleicht doch nicht ganz sofort, denn wenn es zu schnell geht und zu leicht ist, dann stimmt womöglich etwas nicht, oder wir haben Angst, die Kontrolle zu verlieren, oder wir fühlen uns überrumpelt. Also bitte: Schmetterlinge, sofort!, und dann eine Verwechslungskomödie, gefolgt von einem kleinen Drama, das mit einem kontrollierten Happy End in der Gewissheit mündet: Dieser Mensch ist mein »Seelenverwandter«! Also: große Gefühle, aber bitte mit Sicherheitsgurt und zu einem möglichst passenden Zeitpunkt in dosierbaren Häppchen.

Und, Achtung, der Seelenverwandte muss nicht nur zu uns passen, sondern auch zu unserem Job, unserem Leben und unserem Klamottengeschmack. Hinzu kommt das Problem, dass die Suche nach diesem Seelenverwandten extrem aufreibend, schwierig und kompliziert ist. Und je älter wir werden, umso länger werden die Liste der Enttäuschungen und die Liste der Erwartungen, und umso größer wird die Gefahr, enttäuscht zu werden, insgesamt.

Und so ist es gar nicht so einfach für den potenziellen Seelenverwandten oder die potenzielle Traumfrau, den »Alltags-Check« zu bestehen. Nach der Phase der Verliebtheit, wenn der erste Stress kommt, Enttäuschungen und Konflikte zunehmen, hat man sich schnell entliebt und sortiert den Haushalt wieder auseinander.

Wie sagte meine Mutter kürzlich? »Früher ist man nicht einfach auseinandergerannt, wenn es mal nicht so gut lief!« Das war sicherlich für manche Paare auf Dauer auch sehr belastend. Ich bin sicher, dass es viele Paare gab, bei denen zumindest einer von beiden ganz froh und auch besser dran gewesen wäre, wenn sie irgendwann hätten »auseinanderrennen« können. Andererseits ist heutzutage das »Auseinanderrennen« auch so einfach, dass es leichter ist zu behaupten, man hätte nicht zusammengepasst oder »sich auseinandergelebt«, als sich einzugestehen, dass man zu hohe Erwartungen hatte und selbst zu wenig dafür getan hat, dass sie sich erfüllen oder dass man zu engstirnig war, um zu bemerken, dass eine Partnerschaft weder ein Ponyhof noch ein Wellnesstempel ist und es nicht nur darum gehen kann, glücklich zu sein oder recht zu haben.

Laut mehrerer Studien haben 30-Jährige heute bereits doppelt so viele Trennungen hinter sich wie 60-Jährige. Das ist einerseits traurig und auch entmutigend, doch letztlich nichts anderes als eine logische Folge dessen, was wir da fabrizieren: Auf der einen Seite wollen wir ein dynamisches, ereignisreiches Leben, aber dabei möglichst immer glücklich sein und uns selbst verwirklichen. Nichts verkauft sich aktuell so gut wie Glücksversprechen in Kombination mit »Selbstverwirklichung«. Es vergeht seit Jahren keine Woche, wo die *Spiegel*-Bestsellerliste nicht mindestens einen Titel zum Thema Glück und wie man es erreicht, bereithält. Für jede Frauenzeitschrift ist es Pflichtprogramm, uns näherzubringen, wie wir glücklicher leben, glücklicher wohnen, glücklicher lieben und uns glücklicher essen können, wie wir uns selbst finden – in der Arbeit, in der Partnerschaft, im Job oder im neuen Bikini-Trend des Sommers. (Und jede Männerzeitschrift zeigt uns, wie man glücklicher wird mit strafferen Bauchmuskeln und sich selbst findet mit strammeren Oberschenkeln.)

»Glücklich sein« scheint zurzeit unser aller »Pflicht« und Oberziel zu sein. Zum einen bei der Berufswahl: Viele Berufe haben riesige Nachwuchsprobleme, ganze Berufszweige finden keine Mitarbeiter mehr, weil alle nach einem Job streben, in dem sie sich selbst verwirklichen und glücklich werden können. Es ist inzwischen auch eher die Regel als die Ausnahme, dass junge Menschen eine Berufsausbildung oder ein Studium abbrechen und ein anderes beginnen, weil das erste Fach dann doch nicht so glücklich machte, wie sie es sich erhofft hatten.

Zum anderen in der Partnerschaft: Eine Partnerschaft muss heute zwanghaft auch ein Glücksversprechen beinhalten – und wenn es beim ersten Partner eben doch nicht so ist, wie man es sich erhofft hatte, dann macht man es wie mit dem Studium: Man bricht ab und sucht sich etwas anderes. Oder man fängt gar nicht erst an, da man noch überlegt, was einen glücklich machen könnte.

Viele Frauen sind frustriert, weil sie das Gefühl haben, dass Männer sich nicht mehr binden möchten oder nicht mehr »beziehungsfähig« sind. Doch genauso viele Männer sind frustriert, weil sie das Gefühl haben, dass Frauen so viele Ansprüche haben, dass ein Mann sie als Partner gar nicht erfüllen kann.

Eines der Probleme, das wir heute haben, ist das Leben, das wir führen – und führen wollen –, in der Kombination mit den Vorbildern für Partnerschaft und Familie, die wir in der Kindheit erlebt haben und die für uns die »Schablone« für »richtiges Verhalten« in einer Beziehung wurden.

Unser Wunsch nach Selbstverwirklichung auf allen Ebenen, dabei karriereorientiert, mobil und (inter)aktiv passt nicht zusammen mit dem Bild, das wir nach wie vor von Beziehung und Familie haben. Dieses (meist sogar unbewusste) Bild ist das, was uns von unseren Eltern und Großeltern vorgelebt wurde: entweder traditionell mit klassischer Rollenverteilung der Eltern, meist einhergehend mit einer Mutter, die sich vollkommen mit ihrer Mutterrolle identifiziert – was für Frauen bedeutet, ihr Leben (und ihre Ziele) der Familie widmen zu müssen. Oder das Bild der »kaputten Familie«, mit Eltern, die diesen alten Rollenvorbildern bereits nicht mehr gerecht werden konnten oder wollten und oft den jeweils anderen Partner oder die Familie als solches für ihr »Unglück« verantwortlich machten.

Beide Modelle sind nur wenig erstrebenswert, und so ist es kein Wunder, dass wir das Konstrukt der Beziehung (oder gar das der Familie) bewusst oder unbewusst eher vermeiden beziehungsweise es mit so vielen widersprüchlichen Wünschen und Bedürfnissen überfrachten, dass es nahezu unmöglich zu realisieren ist.

Die Wahrheit ist, dass unser Leben nicht automatisch »glücklich« wird, wenn wir »den Richtigen« (oder »die Richtige«) gefunden haben. Jeder Traumpartner, jeder noch so tolle Seelenverwandte ist nur ein Mensch, ein Mensch mit Fehlern, Macken, Bedürfnissen, mit einem Vorleben. Ein Mensch mit Ängsten, Hoffnungen, eingehenden Kindheitstraumata, guten und schlechten Erfahrungen, die ihn geprägt und manchmal auch »versaut« haben.

Die Wahrheit ist, dass Ehe und Partnerschaft erst seit relativ kurzer Zeit die Bedingungen eines »immerwährenden Glücks« mit Schmetterlingen im Bauch vom ersten Moment an erfüllen müssen. Mit anderen Worten: Wir haben noch nicht sehr viel Erfahrung darin. Und unsere Eltern und Großeltern (die »Schablone« für das Verhalten in Beziehungen) sind als Vorbilder in der heutigen Welt völlig ungeeignet, denn ihre Welt war so anders als unsere. Es ist ein bisschen, als würde man versuchen, ein modernes Auto von heute mit einer Handkurbel zu starten …

Die Wahrheit ist: Ein Partner macht einen nicht glücklich – und das ist auch nicht seine Aufgabe! Wenn man einen Partner hat und immer wieder glückliche Momente mit ihm erlebt, dann ist das eine Art Bonus. Es ist der Bonus dafür, dass man sich darauf eingelassen hat, ein Leben in einer Partnerschaft zu führen, und die Motivation dafür, sein egozentrisches, kindhaftes, eigenbrötlerisches und bequemes Leben aufzugeben, um auf die Bedürfnisse eines anderen Menschen einzugehen, um zu lernen, zu wachsen, Fehler zu machen, zu streiten und noch so vieles mehr.

Die Wahrheit ist: Eine Beziehung zu haben bedeutet Arbeit. In meinem Buch »Für immer verliebt« vergleiche ich es mit der Arbeit in einem Garten, und ich werde hier gerne noch etwas deutlicher.

Einen »Traumpartner« zu finden ist, wie ein gutes Stück Land für einen Garten zu finden. Doch der Garten gedeiht und blüht über die Jahre nicht von alleine, er macht Arbeit. Immer wieder taucht wie aus dem Nichts Unkraut auf. Manchmal regnet es wochenlang nicht, und du schuftest, um Wasser in deinen Garten zu bringen. Manchmal tut dir der

Rücken weh, du hast dreckige Fingernägel oder aufgeschürfte Knie. Manchmal ist Winter, und in deinem Garten wächst und blüht rein gar nichts. Aber wenn du deine Zeit und deine Kraft deinem Garten widmest, wenn du ihn hegst und pflegst, wenn du gießt und Zeit in ihn investierst, dann wird er dich immer wieder mit Blüten und Früchten beglücken. Und es ist auch schön, wenn er nicht ganz perfekt ist.

Die Wahrheit ist auch, dass wir es so sehr gewohnt sind, uns selbst kritisch zu betrachten, uns selbst abzulehnen, uns selbst nicht gut genug zu sein, dass es nahezu unmöglich ist, jemand anderen liebevoll zu betrachten, anzunehmen und gut genug zu finden, um uns auf ihn (oder sie) einzulassen, geschweige denn, uns damit wohl zu fühlen, wenn ein anderer bereit ist, uns einfach so anzunehmen und zu lieben, wie wir sind.

Wir leben in komplizierten Zeiten, weil wir so anders leben als die Generationen vor uns und damit andere Bedürfnisse an uns und das Leben haben. Weil das, was Hunderte Jahre lang normal und richtig war, heute völlig überflüssig oder blödsinnig ist. Weil das, was wir über Liebe und Partnerschaft von unseren Eltern und Großeltern gelernt haben, nicht mehr mit dem zusammenpasst, wie wir heute sind, und wir dennoch dasselbe wollen: lieben und geliebt werden.

Die Wahrheit ist: Wir müssen uns etwas Neues einfallen lassen.

Der Freund meines Mannes hat ein Date: Er trifft sich mit einer Frau, die er auf einem Straßenfest kennengelernt hat. Zufällig. Einfach so. Ich bin gespannt.

Einer gegen alle

Neben mir in der U-Bahn sitzen drei Jungs Anfang zwanzig und unterhalten sich darüber, wer am Wochenende wie viele Mädels »klargemacht« hat. Sie benutzen allerdings nicht das Wort »Mädels« oder gar »Frauen« (das Wort »klarmachen« allerdings schon). Sie benutzen ziemlich häufig das Wort »Bitches« und ein paar lustige (mir durchaus vertraute) Abkürzungen, die verraten, warum es für sie gerade so wichtig ist, so megadick aufzutragen.

Es geht nämlich gar nicht um Frauen, sondern um die »Rangfolge« der Jungs untereinander: Sie benutzen Vokabeln aus dem Repertoire der sogenannten »Pick up Artist Community« (in der deutschen Übersetzung »Aufgabel-Künstler Gemeinde« klingt's gar nicht mehr so lässig). So bezeichnen sich seit einigen Jahren Männer, die das »Aufreißen« von Frauen als »Kunstform« bzw. als Wettbewerb verstehen und mit allerlei psychologischen »Tricks« und kommunikativen Techniken ihren Erfolg maximieren wollen. Allerdings geht es dabei in den allerseltensten Fällen tatsächlich um die Frauen – vielmehr geht es um das Ego der »Männer«. Die Frauen sind nur das, woran die Jungs sich im Wettbewerb miteinander messen: Wer hat die meisten Frauen »aufgegabelt«, wer die schönsten? Wer ist am weitesten gekommen? Bei der Interpretation der Erfolge gilt natürlich künstlerische Freiheit.

Vermutlich hat keiner der drei Jungs in der Bahn am Wo-

chenende irgendetwas anderes aufgerissen als eine Tüte
Chips, und sie wirken ehrlich gesagt auch nicht, als wüssten
sie tatsächlich, wie das geht. Ich sitze unbeteiligt daneben –
denn ich bin nicht ihre Zielgruppe – und amüsiere mich.

Die Szene erinnert mich allerdings daran, wie ich vor 20 Jahren anfing, mich gezielt für die Themen Partnerschaft, Partnersuche und Sex aus der Sicht des anderen Geschlechts zu
interessieren. Damals steckte das Internet noch in den Kin-
derschuhen, ebenso das organisierte »Aufgabeln« von Frau-
en. Eine Sache gab es aber damals auch schon: Bücher zum
Thema Flirten, Daten und Beziehung. Und damals wie heute gibt es bei der Literatur für Männer und Frauen einen be-
merkenswerten Unterschied.

Haben Sie schon mal die Buchtitel verglichen, die es zu
diesen Themen speziell für Männer und Frauen gibt? Bei
denjenigen mit einer weiblichen Zielgruppe geht es fast immer darum, den »Richtigen« zu finden: »So finden Sie Mr.
Right« oder »Von der Kunst, den Richtigen zu finden« oder
»So finden Sie den Mann fürs Leben«. Die meisten Bücher
für Männer heißen: »So kriegst Du jede Frau rum!« oder
»So verführst Du jede Frau!« oder »So kriegst Du alle«.

Na klar, könnte man jetzt sagen: »Männer sind eben einfach gestrickt« – aber so einfach ist es auch nicht. Man könnte ja auch sagen: »Frauen sind zu anspruchsvoll.« Wäre aber
genauso falsch. Wir wollen ja die Wahrheit finden. Und die
Wahrheit ist: Es ist ein bisschen kompliziert. Wer hätte das
gedacht!

Grundsätzlich könnte man das Ganze mit einer einfachen »biologischen Formel« erklären: Wenn man davon ausgeht, dass unsere biologische »Programmierung« zur Fortpflanzung den Frauen in einer sehr begrenzten Zeit ihres Lebens monatlich eine einzige Eizelle zur Verfügung stellt, den Männern allerdings für einen deutlich längeren Zeitraum im Leben täglich mehrere Millionen Spermien, wirkt es recht offensichtlich, dass Frauen deutlich wählerischer sein müssen als Männer.

Männer sind quasi darauf programmiert, »großzügig« zu sein und ihr Erbgut zu verschleudern, es steht ihnen in Massen zur Verfügung, und es ist immer wieder Nachschub da. Frauen hingegen müssen sich genau überlegen, wem sie diese eine Zelle und sich selbst als Brüterin zur Verfügung stellen, denn es gibt jeden Monat nur eine Zelle, und bei »Erfolg« ist man für die nächsten Monate erst mal »belegt«. Also ist es schon deshalb logisch, dass Frauen »den einen« finden wollen und Männer am besten »alle Frauen« rumkriegen sollten.

Wie relevant ist dieser Erklärungsansatz allerdings noch in Zeiten der systematischen Verhütung?

Es geht dabei noch um etwas ganz anderes.

 **Ein Flirt oder ein Date zwischen Mann und Frau soll zu einer sexuell motivierten Beziehung führen – oder zumindest zu einem sexuellen Abenteuer. Doch dieses sexuelle Abenteuer soll sich auch »emotional« lohnen.**

Sprich: »Aufwand« und »Ertrag« müssen in einem für die Betroffenen vernünftigen Verhältnis stehen.

Für die meisten Frauen wäre der Aufwand für ein sexuelles Abenteuer nicht sehr hoch. Setzt eine Frau die allgemein bekannten, von Männern geschätzten Merkmale – Beine,

Busen, Po, Augen, Lippen, Haare – männergerecht in Szene, erwidert sie Blickkontakt, stellt sich ein bisschen doof und lacht über seine Witze, ist die Chance, an einem Samstagabend flachgelegt zu werden, ziemlich hoch.

Das Problem ist der »Ertrag«. Wie wahrscheinlich ist es, dass irgendein Vollpfosten, der sie nur wegen ihrer sexy Aufmachung anbaggert und vollquatscht, um sie ins Bett zu kriegen, ihr auch einen anständigen Ertrag – sprich: Orgasmus – verschafft? Wie wahrscheinlich ist es, dass ihm das überhaupt wichtig ist? Hinzu kommt, dass Frauen gelernt haben, dass eine Frau mit vielen sexuellen Abenteuern als billiges Flittchen gilt, als Schlampe, Dorfmatratze etc. Also warten Frauen doch besser auf Mr. Right und machen es den Männern grundsätzlich schwer. Oder suchen einen, der so viel Souveränität, Charme, Potenz, Humor, Selbstsicherheit und Attraktivität ausstrahlt, dass sie ziemlich sicher sind, dass es sich lohnt … Aber wenn es so ist, tun sie natürlich so, als ob sie selbst gar nichts dafür können, um ja nicht als »leicht zu haben« dazustehen. Der böse Mann war's – er hat mich einfach verführt! (So kommt es dann, dass Frauen schlecht über Männer sprechen, die sie eigentlich gut finden.)

Ganz anders sieht es für die Männer aus. Der sexuell erfahrene Mann ist ein Hengst, ein Checker, ein Aufreißer, ein Casanova, ein Schürzenjäger, ein Frauenheld. Und selbst wenn eine Frau sich nicht dafür interessiert, ob ihr Sexualpartner einen Orgasmus hat, beeinflusst das seine Orgasmusfähigkeit bei einem One-Night-Stand in der Regel nur wenig bis gar nicht. Ob sie dumm ist wie Bohnenstroh und blödes Zeug redet – ach, wer wird da schon hinhören? Der »Ertrag« ist für einen Mann in den meisten Fällen also relativ sicher … aber der Aufwand!

Es wäre also aus der Sicht eines Mannes ziemlich praktisch, ein paar Methoden zu haben, mit denen man den Aufwand minimieren kann: Kein stundenlanges »Rumgebalze«, keine Körbe, keine Schüchternheit – einfach auf eine Frau zugehen können, die einem gefällt, und zack!, »Schon ist sie hin!«. Und wenn man sich das nicht traut oder doch abgeblitzt ist, dann findet man vor seinen Kumpels ein paar gute Ausreden, warum die da eben gar nicht geht und sowieso hässlich und blöd ist. (Und so kommt es, dass Männer schlecht über Frauen sprechen, die sie eigentlich gut finden.)

Das allerdings führt natürlich dazu, dass die Frauen die »Barriere« für Männer noch mehr erhöhen, denn sie wollen ja nicht »irgendeine« von »allen« sein, die der Mann rumkriegen kann oder will.

Mit anderen Worten: Es hat ein paar gute Gründe, warum Frauen eher misstrauisch und Männer eher spaßorientiert sind. So mancher protestiert bei dieser Gleichung und führt an, dass es genug Frauen gäbe, die ganz anders wären, und so mancher Mann sagt, dass es für ihn wichtig ist, dass die Frau einen Orgasmus hat und dass es ihm nicht um kurzfristige Abenteuer geht.

Ja, ich weiß. Doch wie und woran soll die jeweilige Frau den Unterschied erkennen?

Die meisten heterosexuellen Männer, die ich in meinem Leben kennengelernt habe, meiden den Besuch von schwulen Bars und Clubs wie der Teufel das Weihwasser – selbst in Begleitung von Frauen und/oder schwulen Freunden. Warum? Vielleicht, weil sie befürchten, dass die dort anwesenden Männer sie in irgendeiner Form belästigen und Grenzen überschreiten könnten? Sie trauen also Männern (die auf Männer stehen) zu, dass diese sie sexuell belästigen oder gar missbrauchen könnten.

Ist es da nicht relativ leicht zu verstehen, dass viele Frauen Männern (die auf Frauen stehen) dasselbe zutrauen bzw. ähnliche Befürchtungen haben?

Gehen wir jetzt mal nicht von einem sexuellen Abenteuer aus, sondern von einem Wunsch nach Partnerschaft – das soll's ja auf beiden Seiten durchaus geben.

Für die Frauen ist es aufgrund der »Ertragsrechnung« interessant zu erfahren, wie man die Männer anzieht und »klarmacht«, bei denen die Chancen recht hoch stehen, dauerhaft zu bekommen, was man will: einen Mann, mit dem man reden kann, den man seinen Eltern und Freunden vorstellen mag, der einen zum Orgasmus bringt und gutes »Erbmaterial« verspricht. Das wär's eigentlich … das wäre Mr. Right (ganz kurz zusammengefasst). Dann würde einer vollkommen reichen. Thema erledigt. Die Sehnsucht danach erklärt auch die Vielzahl der Literatur zum Thema »Wie finde ich den einen«.

So mancher Mann, der durchaus charmant und aufrichtig ist, lernt gerade dann, wenn er sich traut, keine Frau wirklich kennen, denn wenn er souverän auf sie zugeht, glaubt sie, er sei ein Aufreißer, der nur ein Abenteuer sucht. Wenn er verunsichert ist, weil er sie toll findet, denkt sie, dass er ein Idiot ist. Wenn er sie schön findet, redet sie ihm das wieder aus, weil sie durch die Gehirnwäsche der Kosmetik- und Modebranche gelernt hat, ihren Körper zu hassen, und wenn er sie liebt, wie sie ist, und es ganz einfach sein könnte, entwickelt sie keine Gefühle für ihn, weil sie nicht um ihn kämpfen muss oder weil es keine Schwierigkeiten oder »Verwechslungsgeschichten« gibt, wie sie es aus den Liebesromanen, Hollywoodfilmen und Vorabendserien gewohnt ist.

Klingt auch schon wieder alles sehr kompliziert, doch um das zu verstehen, sollten wir uns vielleicht etwas mehr damit beschäftigen, wie Männer und Frauen heute ticken und mit welchen Herausforderungen sie sich herumschlagen müssen.

Die drei »Checker«, die in der Bahn neben mir saßen, stehen auf und gehen Richtung Tür. Da stehen zwei echt süße Mädchen in ihrem Alter.
Keiner sagt was.
»Klargemacht« und aufgerissen wird wohl nur am Wochenende.

Die Wahrheit
über Männer

Vor dem Zimmer meines Hotelfensters klingt es seit gut einer Stunde, als würde ein wild gewordener Gärtner mit einer Mini-Motorsäge auf vollen Touren vor einem Hornissenschwarm davonrennen. Aber es ist kein wild gewordener Gärtner und auch kein Hornissenschwarm – es ist ein Mann mit einem ferngesteuerten Auto. Dieser Mann würde jetzt wahrscheinlich sehr verächtlich mit der Nase rümpfen, denn ganz sicher ist es nicht »irgendein ferngesteuertes Auto« – vermutlich nennt man es nicht mal ansatzweise so –, wahrscheinlich ist es ein »Remote Racing Vehicle« oder so was. Und natürlich nennt man es auch nicht so, sondern sagt dann knapp: »Es ist ein RC!« mit der Selbstverständlichkeit eines Kenners.

Ist das jetzt sexistisch?

Ganz bestimmt ist es das.

Aber mal ehrlich: Stellen Sie sich eine Frau vor, die am Sonntagnachmittag stundenlang ein ferngesteuertes Auto über einen kleinen Platz jagt … Natürlich gibt es das. Aber es ist doch eher selten – und seltsam obendrein.

Auch an der Tankstelle in der Hanauer Landstraße in Frankfurt sieht man am Wochenende abends weibliche Besucher allerhöchstens auf dem Beifahrersitz. Es sind junge Männer, die aus dem Umland die Tankstelle ansteuern, um einander ihre PS- und Watt-Stärken unter den Motorhauben und Kofferraumtüren vorzuführen. Besagte Tankstelle gleicht am Freitagabend einer Ausstellung für Autotuning. Es ist bei allem Sexismus doch seltsam, sich vorzustellen, wie eine Frau zur anderen sagt: »Ey, schau mal, meine neuen Alufelgen!«

Auch die Horden angetrunkener Fußball-Fans, die ich an einem Samstagnachmittag laut lärmend durch St. Pauli streifen sehe, sind zu 99% männlich. Ich will mir auch einfach nicht vorstellen, wie sieben Frauen, einander an den Armen haltend, über die Straße torkeln und dabei »Sankt Pauuuulühüüü!« grölen. Nein, natürlich machen das nicht alle Männer so. Aber wenn jemand so was macht, dann sind es in 99,9% aller Fälle Männer.

Selbstverständlich ist das nicht »genetisch« bedingt, sondern hat mit unserer Gesellschaft zu tun. Und selbstverständlich darf jede Frau betrunken Fußballhymnen grölen (Machen Sie das mal! Ich hab es schon mal probiert, es macht Spaß!), und kein Mann muss das tun, um ein Mann zu sein.

Und trotzdem gibt es Dinge, die sind bei dem einen Geschlecht »normal«, die erwartet man und kommt damit klar – und beim anderen eher nicht. Es gibt einfach so Sachen, die passen zu Männern besser als zu Frauen. (Falls Sie eine Frau sind und mal besoffen Fußballhymnen grölen wollen, lassen Sie es filmen, dann wissen Sie sofort, was ich meine!)

Es sind aber auch immer noch überwiegend Männer, die Positionen als Spitzenköche, Spitzenwissenschaftler oder Spitzen-Schach-Genies innehaben. Vermutlich liegt es daran, dass Männer sich sehr viel stärker als Frauen mit einer einzigen Sache beschäftigen können, vielleicht ist ihr Ehrgeiz größer. Vielleicht ist auch einfach die Tendenz zur »Fachidiotie« bei Männern deutlich ausgeprägter als bei Frauen. Das liegt vermutlich daran, dass es Männern ebenfalls nach wie vor sehr viel wichtiger ist, die Besten in etwas zu werden, was damit zu tun hat, dass »der Beste« zu sein unter Männern sehr viel eher Anerkennung findet als unter Frauen. Männer wollen gerne der Beste sein. Man(n) wird respektiert, wenn man der Beste ist – selbst wenn man der beste Fachidiot ist.

Es sei allerdings auch bemerkt, dass der Weg von der Fachidiotie zur Idiotie recht kurz sein kann und dass gerade bei idiotischen Errungenschaften die Ausprägung bei Männern ebenfalls deutlich stärker ist als bei Frauen.

Es sind auch fast immer Männer, die die größten Sammlungen irgendeiner völlig unnützen Absurdität vorweisen können (Bierdeckel, Briefmarken, James-Bond-Devotionalien[1]), für irgendwas aus Frauensicht völlig Schwachsinniges (aber meist Schwieriges oder Gefährliches) im Guinness-Buch der Rekorde landen oder aber sehr häufig auch – post mortem – in den sogenannten Darwin-Awards[2] genannt werden.

Für viele Männer gibt es nichts Motivierenderes als den Satz: »Du traust dich nicht!« Sie beweisen sich gerne, auch wenn es auf Kosten ihrer Gesundheit oder sogar ihres Lebens geht. Da sind Männer tatsächlich häufig doch ziemlich anders als Frauen.

Wenn es um den Wunsch nach einer Partnerschaft geht, haben Männer jedoch ganz ähnliche Grundbedürfnisse wie Frauen. Sie möchten lieben und geliebt werden, vielleicht eine Familie gründen, nicht alleine sein, sich ab und zu gut unterhalten können, den Alltag und die kleinen Besonderheiten, die Hochs und Tiefs des Lebens mit jemandem teilen. Und das am besten mit jemandem, der sie nicht nervt.

Und da wird es wieder kompliziert. Abgesehen von der mitunter komplizierten und anstrengenden Datingphase, ist die dauerhafte Partnerschaft mit einer Frau für einen Mann alles andere als »unanstrengend«, denn: Sie will ständig reden. Sie will wissen, was er denkt, sagt ihm aber nie klar verständlich, was sie denkt oder will. Sie stellt ihm immer wieder Fallen oder macht unverständliche Andeutungen und ist dann plötzlich grundlos beleidigt. Sie will komische Sachen im Fernsehen sehen. Sie will wissen, was er über diese komischen Sachen im Fernsehen denkt. Sie will komische Sachen essen. Sie will nicht, dass er Sachen isst, die er schon immer gegessen hat. Sie will, dass er im Sitzen pinkelt, obwohl das die Natur nicht vorgesehen hat. Sie hat jeden Monat plötzlich unergründlich komische Launen. Vielleicht will sie sogar, dass er mit ihr einkaufen geht. Und obwohl er sie liebt, fragt er sich manchmal, ob es nicht einfacher gewesen wäre, einem dieser »So kannst Du jede haben«-Ratgeber zu folgen, nur bei akutem Bedarf eine Frau zu erobern und sich von anderen Männern dafür bewundern zu lassen, darin der Beste zu sein.

Obwohl Männer das immer wieder denken, gibt es noch eine ganz schlechte Nachricht für Frauen: Auch wenn Männer sich überwiegend »eigentlich« eine Frau wünschen, die nett ist und nicht nervt, fallen betont unkomplizierte Frauen immer wieder aus dem »Auswahlverfahren«.

Warum?

Weil bei den meisten Männern zu dem Wunsch nach »Einfachheit« auch der Wunsch nach »Erfolg« hinzukommt: Erfolg, den man sich verdienen musste. Je einfacher man etwas erreichen kann, umso weniger ist es wert. Der

Wert einer Sache bzw. eines Erfolges steigt mit der Anstrengung, die man auf sich nehmen musste, um ihn zu erreichen. Und das gilt bei vielen Männern auch für das Thema Frauen.

Die meisten Männer – vor allem die erfolgreichen – sind sehr »statusorientiert«. Das heißt, sie messen allem in ihrem Leben einen bestimmten Wert bei und vergleichen sich bzw. das, was sie erreicht haben, gerne mit dem, was andere Männer sind oder haben (oder vorgeben zu sein). Viele Frauen finden das sehr albern oder äußern sich abfällig darüber. Doch die Wahrheit ist: Frauen machen es ganz genauso, sie bewerten das Ergebnis nur anders.

»Männliches Denken« folgt einer Logik der Zielerreichung. Es ist klar strukturiert von »A nach B« von »Problem zu Lösung« von »unten nach oben«. Während Frauen gut sagen können: »Der Weg ist das Ziel«, erntet dieser Spruch bei vielen Männern irritiertes Stirnrunzeln, denn es ist ganz klar: »Das Ziel ist das Ziel!«

Männer konkurrieren gerne miteinander, alles ist für sie ein Spiel. Und in diesem Spiel geht es darum, zu gewinnen, eben der Beste zu sein. Es gibt in diesem Wettbewerbsspiel natürlich auch »Außenseiter«, Männer, die nicht in diese Konkurrenz gehören oder nicht einsteigen. Das heißt nicht automatisch, dass sie von anderen Männern geächtet werden. Manche von ihnen werden sogar bewundert oder beneidet. Gibt es irgendeine Form von Gemeinsamkeit, werden sie akzeptiert.

Natürlich gibt es auch Männer, die diese »Männlichkeitsrituale« komplett ablehnen. Sie wollen da nicht mitspielen, nicht »typisch männlich« sein. Und eigentlich sollten wir Frauen das begrüßen – zumindest wäre das im Rahmen der aktuellen »Sexismus-Debatten« eine logische Folge. »Unmännliche Männer«, die nicht konkurrieren möchten, die

Männerhierarchien

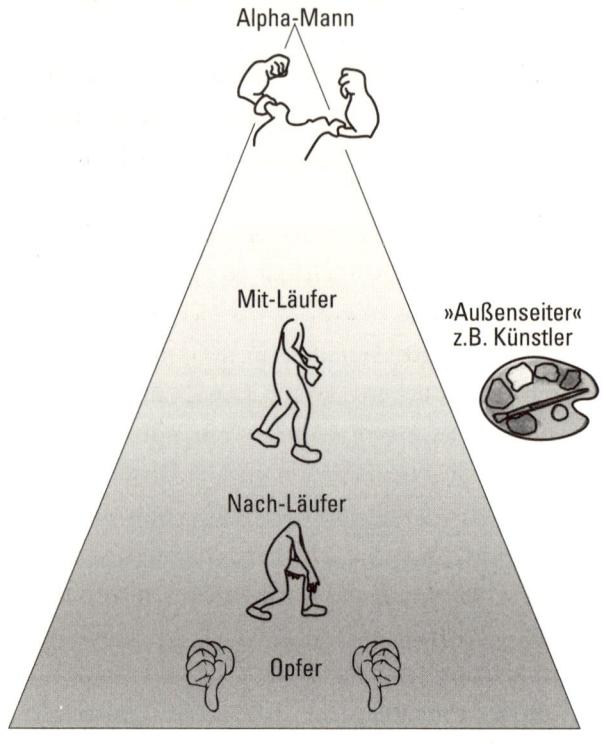

Alpha-Mann

Mit-Läufer

»Außenseiter«
z.B. Künstler

Nach-Läufer

Opfer

nicht die Besten sein wollen, die Kämpfe um Status, Rangfolge und sonstige »Testosteronklischees« komplett ablehnen, keine Machos sein wollen, müssten voll im Trend sein und sich vor Verehrerinnen kaum retten können!

Doch leider ist eher das Gegenteil der Fall. Kürzlich sagte mir ein Kursteilnehmer, er fände es für sich überhaupt nicht wichtig, der Beste zu sein. Er stünde nicht gerne im Mittelpunkt. Ihm wäre es recht, der Dritte, Vierte oder Fünfte zu sein, das sei wesentlich angenehmer. Ich fragte ihn, warum er in den Kurs gekommen sei. Er erzählte, dass er kein Problem damit habe, Frauen kennenzulernen, er habe auch durchaus viele Frauen in seinem Bekanntenkreis, nur komme er einfach nie so richtig … na ja … also … er wäre eher so … nun ja … die Frauen würden ihn meist eher als Freund betrachten … also die würden sich dann oft für andere Männer mehr interessieren. Ob er das Gefühl hätte, dass er bei den Frauen also meist eher so der dritte, vierte oder fünfte Mann auf ihrer »Liste« sei, frage ich. Äh … ja, irgendwie schon.

Mit anderen Worten: Offenbar hat die Haltung eines Mannes, nicht der Beste sein zu wollen, auch nachhaltige Wirkung in Bereichen, wo er sie gar nicht haben möchte. Ist also doch nicht so gut. Jedenfalls nicht immer.

Doch vielleicht liegt das weniger am Mann als daran, dass wir Frauen in der Gesellschaft zwar ständig nach »Gleichheit« schreien, sie uns aber leider nicht antörnt.

Viele Frauen beschmunzeln das beständig konkurrierende Verhalten vieler Männer untereinander, andere sind regelrecht genervt davon, doch ist es überhaupt nicht vorhanden, ist das irgendwie langweilig. Ein Mann soll schon irgendwie der Beste sein wollen, er soll uns zumindest zeigen, dass er der Beste ist. Aber bitte auch zeigen, liebe Männer, nicht nur ständig darüber reden.

Und das ist ein faszinierendes Paradoxon von heute: Eigentlich wollen Frauen immer noch einen Mann, der der Beste ist – oder sich zumindest darum bemüht, für uns der Beste zu sein. Aber wir geben ihm kaum eine Chance dazu!

Und so geht die Tendenz bei den Männern in zwei sehr konträre Richtungen. Die eine Sorte Mann versucht es nach wie vor: Er versucht, »der Beste« zu sein, indem er sich bemüht, es uns irgendwie recht zu machen. Er ist nett. Er ist freundlich. Er ist aufmerksam. Aber er ist auch verunsichert. Manch einer so sehr, dass er – obwohl sonst im Leben häufig erfolgreich und sicher – Frauen gegenüber schüchtern und bedürftig wirkt. Es ist schwierig, einen solchen Mann zu lieben, denn es ist schwierig, ihn zu respektieren.

Viele dieser Männer sind wie Golden Retriever: Die meisten echt lieb, manche auch irgendwie süß, und klar kann man so einen total gut streicheln und knuddeln. Und er verhält sich auch so niedlich: Mit seinen großen Augen schaut er uns brav an und wartet sehnsüchtig auf unsere Zuwendung und Aufmerksamkeit. Er würde fast alles tun, um von uns gemocht zu werden. Er ist verständnisvoll, respektvoll, anständig, treu, rücksichtsvoll. Er will alles richtig machen. Er glaubt, er sei der Partner, der einer Frau endlich die berühmte »Beziehung auf Augenhöhe« bieten könne, die sie sich angeblich so sehnsüchtig wünscht.

Doch eine Beziehung auf Augenhöhe besteht nicht darin, dass er sie ständig fragt, was sie möchte. Dass er ihr immer die Entscheidung überlässt, was sie unternehmen wollen oder wie sie leben möchten. Denn das bedeutet, dass sie letztlich alle Entscheidungen trifft, treffen muss.

Eine »Golden-Retriever-Beziehung« kann man recht leicht erkennen: Sie geht voran, er hinterher. Sie sucht den Tisch aus. Sie bestellt. Sie bezahlt oder reicht ihm das gemeinsame Portemonnaie, woraufhin er fragt, wie viel Trinkgeld er geben soll. An einer Hotelrezeption ist sie es, die eincheckt, und es ist ihr Ausweis, der vom Hotelmitarbeiter eingescannt wird. Manchmal darf er so lange ihre Handtasche halten …

Ich will jetzt nicht sagen, dass Beziehungen, in denen die Frauen der dominantere oder aktivere Teil sind, falsch oder schlecht sind (im Gegenteil). Und schon gar nicht ist es die »Schuld« von irgendwem. Es geht vielmehr um die Einstellung der beiden Partner zueinander.

Es seiner Partnerin recht machen zu wollen ist eine Verhaltensart, die gut gemeint ist, aber die letztlich auf Dauer wohl die wenigsten Menschen – egal ob Mann oder Frau – wirklich glücklich macht. In solchen Beziehungen bauen die meisten Frauen mit der Zeit Frust auf, weil sie sich einen »starken Partner« wünschen. Die Männer haben das Gefühl, sehr viel dafür zu tun, dass ihre Partnerin glücklich ist, und dieses Ziel nicht zu erreichen.

Viele Männer mit »Golden-Retriever-Attitüde« meinen es wirklich gut und wissen es nicht besser. Sie sind durch die Gehirnwäsche der Emanzipation weichgespült worden. Viele von ihnen hatten dominante Väter und unglückliche Mütter und wollten auf keinen Fall so werden wie ihre Väter. Gut, jetzt sind sie wie die Mutter, aber das konnte ja keiner ahnen. Viele von ihnen haben ihr Bestes gegeben, kein chauvinistischer, roher, aggressiver, dominanter Arsch zu sein, und sind jetzt ein passiver, devoter Flanell-Lappen ohne eigene Meinung.

Je nachdem, wie ausgeprägt das ist, führt es häufig zu einem Ungleichgewicht in der Beziehung, wo es auch manchmal wirkt, als hätte die Frau einen kleinen Jungen dabei. Was vermutlich damit zu tun hat, dass viele Männer sich genau danach sehnen: Eine Liebe, Zuneigung und Geborgenheit, wie sie sie sich von ihren Müttern gewünscht hätten, also tun sie alles genau so, wie sie es gelernt haben. Sie sind lieb, anständig und brav. Oder sie sind gleich so lieb und brav, dass es gar nicht erst zu einer Beziehung kommt!

Aber: Wie soll ein Mann wissen, was eine Frau sich wirklich wünscht, wenn er dem zuhört, was sie sagt? Vor allem, wenn es sich vermischt mit dem, was er von seiner Mutter gehört hat? Wenn ein Mann lernt, dass »Männer immer nur das eine wollen« und Frauen nicht, lernt er automatisch, sexuelle Gefühle mit Scham, Schuld und einem schlechten Gewissen zu assoziieren. Er fühlt sich direkt schlecht, wenn eine

Frau in ihm Begehren weckt, weil er gelernt hat, dass das »böse« ist.

Nicht umsonst etablierte sich in den letzten Jahren der Begriff »friendzone« für die Situation, in der junge Männer platonische Freundschaften mit Frauen pflegen, die sie eigentlich begehren. Der »ge-friendzone-te« Mann ist sozusagen der anhänglichste, treuste und auch blödeste Golden Retriever unter allen Männern. Er macht sich, wenn es sein muss, auch zum absoluten Idioten, um einer Frau wenigstens nahe sein zu können: Er hört sich an, wie viel Kummer sie mit anderen Männern hat, er ist Tag und Nacht für sie erreichbar und tut fast alles für sie, selbst wenn es zu Lasten seiner Selbstachtung geht.

Doch die Wahrheit ist: Auch dieser Mann wünscht sich mehr als nur Freundschaft, er ist so nett und lieb, weil er denkt, wenn er nett genug ist, dann versteht sie irgendwann, dass er viel, viel lieber und netter und besser für sie ist als all die anderen Kerle, von denen sie dauernd enttäuscht wird, dann zieht sie ihn als Partner in Betracht, und er darf sie endlich, endlich nackt sehen. Natürlich würde er das voller Respekt und Achtung tun. Er würde sie voller Ehrfurcht und Dankbarkeit vögeln und nicht aufhören, bevor sie nicht einen Orgasmus hat, denn das ist ihm total wichtig.

Das Problem ist nur: Er hat in Wahrheit keine Ahnung, wie und wovon sie einen Orgasmus bekommt. Und wenn er sich ihr offenbart mit seiner »heimlichen Liebe« (die, sind wir mal ehrlich, so heimlich nun auch wieder nicht war) und ihr damit gesteht, dass er ihr eigentlich schon seit Monaten oder Jahren unheimlich gerne mal an die Brüste greifen würde, dann ist das ungefähr so, wie wenn der niedliche Golden Retriever plötzlich anfängt, ihr Bein zu begatten: Es ist unangenehm und peinlich.

Das andere Extrem, in das ein Mann driften kann, ist leider auch nicht viel besser. Er will alles richtig machen, aber keinesfalls für die Frau. Er will ein »echter Kerl« sein. Ein harter Kerl. Ein Alpha-Mann. Einer, der sich nichts vorschreiben lässt und der sich nicht von irgendwelchen Weichei-Gefühlsduseleien verwirren lässt. Meistens werden solche Männer »Arschlöcher« genannt. Und dummerweise haben sie häufig – zumindest oberflächlich betrachtet – Erfolg bei Frauen.

Frauen suchen bei diesem Typus Mann das Abenteuer oder den berühmten »guten Kern«, finden ihn aber oft nicht, denn die Grundeinstellung des Misstrauens gegenüber Frauen und ihren eigenen Gefühlen macht den »harten Kerl« mit der Zeit häufig latent aggressiv, zynisch und zum Frauenverachter.

Viele Männer, besonders die, die schon im Kindesalter mit Frauen (zum Beispiel in Gestalt ihrer Mutter) schlechte Erfahrungen gemacht haben, sind Frauen gegenüber grundsätzlich misstrauisch. Sie assoziieren das Gefühl von Abhängigkeit und Enttäuschung mit dem Gefühl von Liebe und Verliebtheit und damit auch ganz direkt mit Frauen im Allgemeinen. Daher versuchen sie, ihre Gefühle – und ihre Kommunikation – stets unter Kontrolle zu halten. Manchmal sogar so weit, dass sie es sich nicht erlauben, sich zu verlieben oder Beziehungen einzugehen.

Doch auch ohne traumatische Kindheitserfahrung gibt es viele Männer, die nicht den übertriebenen, unterwürfigen Respekt vor Frauen an den Tag legen, sondern eher im Gegenteil ein starkes Auftreten haben, als »Chauvis«, Machos oder »Alpha-Männer« rüberkommen.

In den Medien und sozialen Netzwerken kommt immer wieder die Frage auf, warum Frauen eigentlich auf diese

»Arschlöcher« stehen. Häufig wird diese Frage übrigens von Männern gestellt, von frustrierten (»Golden Retriever«-) Männern, die nicht nachvollziehen können, warum Frauen Männern den Vorzug geben, die es offenbar nicht gut mit ihnen meinen, und was der Reiz an einem Mann sein kann, der offenbar nur seine eigenen Interessen im Blick hat und die Frauen oft ausnutzt.

Was ist das Unwiderstehliche an einem Mann, der offenbar völlig beziehungsunfähig oder zumindest -unwillig zu sein scheint? Was stimmt nicht mit den Frauen, dass sie bei einem solchen Mann weiche Knie bekommen und ihm hinterherrennen, selbst wenn er sie wie Dreck behandelt?

Zum einen ist es reizvoll für eine Frau, wenn ein Mann ihr nicht um jeden Preis gefallen will. Sie assoziiert es mit Charakterstärke (was leider nicht so sein muss). Zum anderen weckt es die weibliche Variante des Jagdinstinkts: Wenn dieser Mann nicht um jeden Preis an ihr interessiert ist, dann ist es spannend zu ergründen, wie man ihn interessieren kann bzw. wie man ihn für sich gewinnen kann.

 **Ein Mann, der nicht sofort alles tun würde, um gemocht zu werden, dessen Interesse und Zuneigung sind (vermeintlich) echt, wenn sie denn irgendwann entstehen.**

In besonderen Fällen geht es sogar noch darüber hinaus. Männer, die ablehnend, aggressiv oder auf eine bestimmte Art »schwierig« sind, können in manchen Frauen den Wunsch erwecken, den »guten Kern« herauszukitzeln. Sie stellen sich dann vor, den Mann mit Hilfe der »Kraft der Liebe« zu »heilen«, ihn gewissermaßen »gesund zu lieben«.

So wie viele Männer beim Thema Frauen vom »Jagd- und Retterinstinkt« heimgesucht werden, sind Frauen diese Instinkte auch nicht fremd. Frauen können sich auch in das »Potenzial« eines Mannes verlieben, und wenn sie einen »guten Kern« vermuten, dann gibt es für so manche Frau kein Halten mehr – doch dazu später mehr.

Auf den ersten Blick wirkt es, als hätten diese Männer es leichter – doch das mag täuschen: Was die Anbahnung von Kontakten mit Frauen angeht, sind solche Männer tatsächlich meist erfolgreicher, weil sie sich mehr trauen. Sie haben weniger Angst vor Ablehnung, weniger Selbstzweifel und mehr Risikofreude. Viele von ihnen haben jedoch auch ein eher »unpersönliches« Bild von Frauen. Sie assoziieren mit einer Frau zum einen die bereits erwähnte Gefahr des Verlustes von Selbständigkeit und eigenem Willen, aber zum anderen auch die Erfüllung ihrer Bedürfnisse nach Sexualität und Anerkennung. Anerkennung allerdings nicht unbedingt durch die Frau, sondern vor allem durch andere Männer. So wird die betreffende Frau manches Mal eher zur Trophäe als zur Partnerin – und muss demnach natürlich auch trophäentauglich sein: Da sind die berühmten »inneren Werte« eher weniger gefragt.

Oje, denkt sich jetzt die weibliche Leserin, und so mancher männliche Leser fühlt sich unverstanden und/oder auf den Schlips getreten. Ich glaube, ich erwähnte es schon: Ich bin oft plakativ und übertreibe gern ein bisschen. Natürlich gibt es zwischen diesen beiden Extremen eine große Grauzone (und noch viele andere Farben), nichtsdestotrotz sind diese beiden Tendenzen heute mehr denn je vertreten, und sie haben beide denselben Ursprung: den uralten Wunsch eines Mannes, eine Frau für sich zu gewinnen und eben »der Beste« zu sein, vermischt mit dem, wie der »Mann von heute« die »Frau von heute« und ihre Ansprüche wahrnimmt.

Die Wahrheit über Männer ist, dass wir ihnen seit einigen Jahrzehnten eine schier unlösbare Aufgabe stellen: »Du musst mehr tun, um mir zu gefallen – aber tu es nicht, um mir zu gefallen!«, und dass wir Frauen damit selbst diese beiden Extreme hervorgerufen haben: die Männer, die unbedingt gefallen wollen, und die Männer, die uns genau dafür ablehnen.

Die Wahrheit über Männer ist, dass es schon immer Männer gab, die es ihrer Frau möglichst recht machen wollten, und Männer, die ihre Frauen dominiert haben. Nur ist das früher weniger aufgefallen, weil die Rollen anders verteilt waren und der Mann »der Herr im Haus« war, auch wenn das nur eine Aussage seiner Frau war. (Frei nach dem Motto: »Meine Frau sagt, ich entscheide alles Wichtige und sie alles Unwichtige, und in 20 Jahren Ehe gab es noch nichts Wichtiges zu entscheiden!«)

Die Wahrheit über Männer ist, dass sie bereit sind, vieles zu tun oder in Kauf zu nehmen, um Sex zu haben. Manche bezahlen, andere lügen dafür, manche machen sich zum Affen, andere riskieren Kopf und Kragen und wiederum andere Haus und Hof. Immer wieder lesen wir von Prominenten und Politikern, die Ruf, Ehe, Karriere und mehr aufs Spiel setzen für einen Quickie in der inzwischen schon sprichwörtlichen »Besenkammer«, den One-Night-Stand auf der Weihnachtsfeier oder für Bumspartys mit minderjährigen Prostituierten. Vielleicht haben manche dieser Männer mehr Möglichkeiten oder Mittel für solche Eskapaden, aber sie sind letztlich nur die prominenten Vertreter der Spezies Mann. Mit anderen Worten: Es passiert Tausende Male auf der Welt, in allen Schichten, an allen Orten, zu jeder Zeit.

Die Wahrheit über Männer ist, sie wissen gerne, woran sie sind. Sie können mit einem klaren Nein besser leben als mit Hoffnung. Hoffnung ist für die meisten Männer kein plausibles Prinzip, denn Hoffnung macht einen Mann zum Deppen: Ein Mann möchte lieber wissen als glauben. Lieber etwas tun als warten. Selbst wenn das bedeutet, dass seine Erwartungen an einer bestimmten Stelle nicht erfüllt werden.

Die Wahrheit über Männer ist, dass sie viel leichter zu verunsichern sind, als Frauen oft glauben. Während die Frau denkt, der Mann sei grundsätzlich stark und selbstbewusst – vor allem, wenn er so aussieht –, übersieht sie, dass er hinter all den Vorurteilen der »Schlichtheit«, die sie über sein Gemüt und seine Bedürfnisse hat, oft deutlich komplexer und verletzlicher ist, als sie sich das vorstellen kann.

Männer möchten es »richtig machen«, und sie fürchten sich vor Misserfolg deutlich mehr als Frauen. Die Männer haben sich die Veränderungen der letzten Jahrzehnte nicht ausgesucht, aber sie müssen damit klarkommen, dass es viel schwieriger geworden ist, »ein guter Mann« zu sein, als es in den zehntausend Jahren davor war.

Die Wahrheit über Männer ist, dass sie hoffentlich immer noch andere Bedürfnisse haben als Frauen. Männer haben nicht dasselbe Bedürfnis nach Gemeinsamkeit, Kommunikation, Nähe und Teilen wie Frauen. Es ist daher nicht fair und auch nicht zielführend, einen Mann als Partner danach zu beurteilen oder Dinge von einem Mann einzufordern, die für eine Frau normal und leicht sind. Auch Männer, die eine Frau als Partnerin und Gefährtin sehen und auch im Freundeskreis Gemeinschaft schätzen, sind ab und an gerne mit ihren Gedanken alleine; sie wollen und müssen nicht alles besprechen. Denken ist eine Tätigkeit, die für Männer hilfreich ist, um Lösungen zu finden, und die im Stillen stattfindet. Die Mehrheit der Männer möchte nach wie vor ihre Probleme durchdenken und lösen, sie möchte sie nicht teilen oder mitteilen.

Die Wahrheit über Männer ist, dass sie deshalb anders miteinander reden als Frauen: Während es unter Frauen ein Zeichen von Wertschätzung und Freundschaft ist, Probleme und Gefühle zu teilen und mitzuteilen, passt es nicht in das »männliche Weltbild« der Hierarchie. Männer meinen demnach – genau wie Frauen – auch nicht, was sie zueinander sagen: Sie würden ihre wahren Gefühle einem anderen Mann gegenüber nur sehr ungern offenbaren, und manchmal machen sie dasselbe auch mit der Frau, die sie lieben: Nicht nur, dass sie ihre wahren Gefühle vor ihr verbergen – sie verbergen sie auch vor anderen. Das mag manches Mal so scheinen, als ob der Mann nicht zu seiner Liebe oder zur Beziehung stehen würde, hat aber letztlich nichts mit seinen Gefühlen, sondern nur mit seiner Kommunikation zu tun.

Die Wahrheit über Männer ist, dass sie nicht miteinander reden müssen, um eine Beziehung zu etablieren, es ist ihnen viel wichtiger, etwas miteinander zu machen oder zu erleben. Das genügt, um zu wissen, dass man miteinander »kann«. Was der andere denkt, ist nicht so wichtig, solange es ein Mann ist. Und was Frauen denken, ist nur wichtig, solange es darum geht, ob es mit dem Mann zu tun hat – oder mit Sex.

Irgendwie klingt das für mich verlockend: Wäre es nicht schön für uns Frauen, wenn auch wir uns nicht dauernd Gedanken darum machen müssten, was andere denken? Wenn wir nicht jedes Wort auf die Goldwaage legen, nicht immer die Botschaft zwischen den Zeilen suchen würden? Wenn wir mit jemandem eine gute Beziehung hätten, weil wir etwas zusammen machen können. Wenn wir uns nicht immer Gedanken darüber machen müssten, wie es dem anderen gerade geht, weil er sagt, was er sagt, oder weil er schweigt?

Die Wahrheit über Männer ist, dass sie nie wirklich erwachsen werden. Sie spielen gerne und sie gewinnen gerne. Manche sind offensichtliche Kindsköpfe, andere tarnen sich besser. Aber irgendwie schaffen sie es besser als wir Frauen, sich etwas Kindliches, Verspieltes, Einfaches zu bewahren. Zumindest die meisten, und ehrlich gesagt, bin ich darauf manchmal ein bisschen neidisch.

Inzwischen ist das Motorsägen-Gesumme der ferngesteuerten Superautos vor meinem Fenster lauter geworden: Es sind jetzt zwei Männer. Sie zeigen sich gegenseitig, was sie draufhaben. Sie scheinen Spaß zu haben. Reden müssen sie dafür nicht.

Die Wahrheit
über Frauen

Unten auf der Straße vor meinem Hamburger Büro schreit eine Frau. Ich weiß nicht genau, was sie schreit, denn sie tut es in einer mir unbekannten Sprache, aber auch ohne sie zu verstehen, weiß ich, dass sie einen Mann anschreit. Sie tut es in demselben Tonfall, wie wohl alle Frauen auf der Welt ihre Männer anschreien.

Vielleicht geht es ihr wie mir, und sie hat PMS. Das soll keine Entschuldigung sein, eher ein Erklärungsversuch. Ich liebe meinen Mann. Sehr. Und ich habe mich lange lustig gemacht über Geschichten von »hormonellen Stimmungsschwankungen«. Aber ich weiß inzwischen mit hoher Treffsicherheit, dass ich ziemlich genau vier Tage nach dem Tag, an dem ich meinen Mann nicht mehr leiden kann, Tampons im Haus haben sollte.

Kürzlich sagte mir jemand, dass Hormone ja letztlich einen so kleinen Anteil ausmachen würden, dass man nicht ernsthaft behaupten könne, sie seien relevant für die Identifikation als Mann oder Frau. Es war ein Mann, der das sagte – der hatte sicher noch nie PMS, ebenso wenig war er jemals schwanger oder in den Wechseljahren.

Hormone hin oder her: Wenigstens schreie ich meinen Mann nur äußerst selten an, denn ich weiß inzwischen, dass das nichts bringt und meine monatlich wiederkehrende Unzufriedenheit eher meinem Hormonhaushalt als seinem Verhalten geschuldet ist. Aber ich weiß, dass es auch unabhängig vom Zyklus leider normal ist, dass Frauen im Schnitt öfter mit ihren Partnern meckern als andersherum.

Warum sind wir Frauen eigentlich immer so unzufrieden?

Erst suchen wir nach dem »Traumpartner« wie die Nadel im Heuhaufen, und haben wir einen Partner, fangen wir an, an ihm herumzunörgeln. Manchmal frage ich mich ernsthaft, warum ein Mann heute immer noch anstreben sollte, mit einer Frau zusammen zu sein. Ich stelle mir das unglaublich anstrengend vor: Dieser Mensch, der nie mit sich zufrieden ist, der ständig etwas zu meckern hat, der launenhaft und unberechenbar ist, ständig redet, aber nie richtig kommuniziert, was eigentlich Sache ist. Dieser Mensch, der einem immer wieder ein latent schlechtes Gewissen machen kann, obwohl man eigentlich nichts Falsches getan hat. Dieser Mensch ist die größte Herausforderung, der sich ein Mann stellen kann – und zum Glück hat diese Herausforderung Brüste.

Brüste! Quasi die erste Erinnerung, das Erste, was uns nach der Geburt begegnet. Mutters Brust, wo es warm und kuschelig ist und (falls es klappt) der Hunger gestillt wird. Die Brust einer Frau ist das erste richtig schöne, gute Erlebnis, das ein Mann im Leben hat, und offenbar will er immer wieder dahin zurück. Warum sonst sind weibliche Brüste so unglaublich populär bei Männern?

Spaß beiseite, natürlich haben wir alle – egal ob männlich oder weiblich, hetero- oder homosexuell – den Wunsch nach Zuwendung, Geborgenheit, Nähe, Intimität, Sex und so weiter. Doch wir Frauen machen es den Männern und uns selbst nicht gerade einfach. So wie es bei den Männern in den letzten Jahrzehnten ein paar Entwicklungen gibt, die nicht gerade hilfreich sind für ein Miteinander der Geschlechter, so gibt es dasselbe natürlich auch bei den Frauen.

Wir sind die Themen Gleichberechtigung und Emanzipation der Frau in unserem Kulturkreis leider so angegangen, dass wir zum einen alle »schlechten männlichen Eigenschaften« wie Dominanz oder Aggressivität verdammt haben, aber uns gleichzeitig eine Art »Gleichheit« zwischen den geschlechtstypischen Rollenklischees zum Ziel gesetzt haben. Ich sehe immer häufiger Frauen, die ungleich dominanter und/oder aggressiver auftreten als viele Männer und es noch nicht einmal merken. Es wirkt sich auf die meisten Frauen auch im Einzelnen sehr nachteilig aus, denn die »Hierarchie-Pyramide« der männlichen Wahrnehmung kollidiert immer wieder mit der Welt, in der Frauen sich sehen, und der Art, wie sie miteinander umgehen.

Natürlich geht es auch bei Frauen in gewisser Weise darum, zu gewinnen, aber so wie ich es kennengelernt habe, ist es zwischen Frauen nicht üblich, offen zu konkurrieren, und keinesfalls erstrebenswert, »die Beste« in etwas zu sein.

Warum?

Weil das bei Frauen so aussieht:

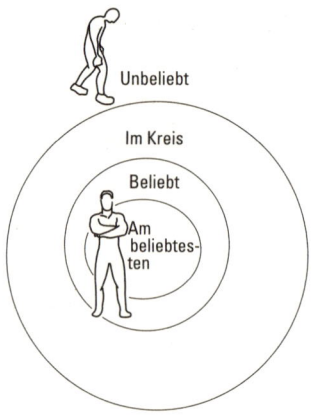

Eine »Hierarchie« bei Frauen konzentriert sich nicht auf »die Beste«, es geht nicht darum, andere offensichtlich zu übertrumpfen. Es geht darum, die »Beliebteste« zu sein. Die wichtigste Frau, sozusagen die »Gewinnerin«, ist die, die in der Mitte (bzw. im Mittelpunkt) steht. Natürlich hat es auch Vorteile, nicht ganz in der Mitte zu sein – und es gibt auch ein »Außen« – doch das Außerhalb bedeutet in der Regel tatsächlich, »draußen« zu sein. Kaum Achtung, Akzeptanz oder gar Freundschaft mit Frauen, die »innerhalb des Kreises« sind.

Und da es darum geht, beliebt zu sein, wird Konkurrenz auf andere Art ausgetragen. Nämlich indirekt. Es gibt kaum offen ausgetragene »Wettkämpfe« bzw. »Wetteifern« und auch kaum offen formulierte Kritik aneinander.

Wenn Männer neidisch aufeinander sind, sind sie es offen, und es ist eine Einladung zum »Spiel«, eine Herausforderung. Wenn Frauen neidisch aufeinander sind, sind sie es verdeckt und heimlich, und sie ergreifen verdeckte Maßnahmen, das Neidverhältnis umzukehren.

Während bei Männern das Konkurrieren eher wie bei einem sportlichen Wettbewerb ist, in dem jeder offen teilnehmen kann, ist das Konkurrieren unter Frauen eine Art »Agenten-Thriller« mit Doppelagenten, Geheimdiensten und Mafia-Strukturen.

Unterhalten sich zwei Männer, tun sie das gerne über »messbare Fakten«, wie zum Beispiel (greifen wir ruhig tief in die Klischeekiste): die Güte eines Fußballvereins. Ein Mann wird versuchen, einem anderen Mann klarzumachen, warum gerade dieser eine Verein der beste ist oder jedenfalls besser als der Verein, dem der andere anhängt. Der andere wird erklären, warum »sein Verein« besser ist, und irgendwann (relativ früh) wird einer dem anderen sagen: »Du hast doch keine Ahnung!« Dies ist dann im Grunde erst der richtige Anfang des »Gesprächs«, das für Frauen wie ein Streit wirkt, aber für Männer eine ganz »normale« und interessante Unterhaltung ist.

Versuchen Sie mal, sich mit einer Frau über irgendein Thema zu unterhalten, und sagen Sie ihr auf eine Erwiderung hin, dass sie keine Ahnung habe. Das wäre nicht der Anfang des Gesprächs, sondern sehr, sehr wahrscheinlich das Ende. Und das für eine sehr, sehr lange Zeit. Und genau hier wird es schwierig mit der Gleichberechtigung und dem »Gleichsein«. Denn wir sind es nun mal nicht, und versuchen wir, es zu sein, geht das meistens in die Hose.

Frauen bewerten ihren »Umkreis« nach Ähnlichkeit: Ähnlichkeit in den Werten, Vorlieben und Meinungen. Je einiger man sich ist, desto verbundener oder näher fühlt man sich. Und Nähe ist gut und wichtig. Will man einer Freundin oder Kollegin zeigen, dass das Verhältnis gerade angespannt ist, hört man auf, ihr recht zu geben, oder man geht in die »offene« Konkurrenz und zeigt, dass man in irgendwas besser, schlauer, schneller ist als die jeweils andere. Konkurrenzverhalten ist bei Frauen nie spielerisch, sondern sehr böse.

Auf den ersten Blick wäre es eigentlich total sinnvoll, wenn wir diese Art zu denken und diese Hierarchien einfach abschaffen würden. Sie sind ganz sicher nicht hormonell oder genetisch, sondern gesellschaftlich bedingt. Das hat allerdings einen großen Nachteil:

 Alle Menschen haben den Wunsch nach »Sicherheit«, und Sicherheit empfinden wir zum Beispiel, wenn wir uns an »Regeln« halten können.

Viele Frauen, die die stereotype »Frauen-Hierarchie« um die Beliebtheit ablehnen, landen bei der »Männer-Hierarchie« in der Konkurrenz um Respekt und Anerkennung für »den Besten«.

So wie es bei den Männern die Tendenz zum »Golden Retriever« (um beliebt zu sein) oder zum latent aggressiven »Bad Boy« (um respektiert zu werden) gibt, gibt es bei Frauen die Tendenz zur (vermeintlich) »starken Frau«. Sie wirkt stark, weil sie »tough«, unabhängig und beruflich erfolgreich ist. Doch sehr häufig ist dieser Erfolg nur oberflächlich, und er ist hart erkauft: Die starke Frau hat viel dafür getan, »etwas aus sich zu machen«. Sie hat sich angestrengt, hat gekämpft, hart gearbeitet und sich durchgesetzt. Nach außen wirken starke Frauen oft respekteinflößend, souverän und selbstbewusst. Manchmal so selbstbewusst und stark, dass ein Mann, wendet er seine »Männer-Hierarchie« an, nur der Zweitbeste sein kann und damit das Gefühl hat, dass er entweder zum Golden Retriever mutieren oder konkurrieren muss.

Doch leider hat auch die starke Frau wie jede andere Frau Selbstzweifel, eigentlich ist das genau der Treibstoff, der sie antreibt und überhaupt erst so erfolgreich gemacht hat: die ständige Angst, nicht gut genug zu sein, gepaart mit der Angst vor Ablehnung, wenn man »zu gut« ist, um gemocht zu werden. Die ständige Selbstkasteiung, die Ansprüche zu erfüllen, die man sich oft genug nur selbst stellt, und das permanente schlechte Gewissen, weil man nie allem gerecht werden kann. Es macht nicht glücklich, nicht zufrieden, und es macht einen oft genug auch nicht attraktiv.

Frauen sind Weltmeisterinnen der überzogenen Selbstkritik – und die Industrie hat das längst erkannt und verdient sehr gut daran: Cellulitis, ein Wort, das den ganz normalen

Umstand, dass Frauen von Natur aus schwächeres Bindegewebe haben, zum Schönheitsmakel erklärt, ist nur eines von vielen Beispielen. Inzwischen gibt es fast monatlich einen neuen »Beauty Trend«, der jedes Mal einen Makel beseitigen soll an den ach-so-unperfekten Frauen.

Ich dachte kürzlich, es sei Satire, aber dem war nicht so: Mit dem Slogan »Keine falsche Scham« warb ein Schönheitschirurg in Hamburg für Schamlippen-Korrekturen (wahlweise kleiner oder größer), damit die betroffene Frau sich endlich ganz frei fühlen kann mit »richtigen« Schamlippen.

Die Frage ist eigentlich nicht: Wer denkt sich so einen Scheiß aus? Sondern viel eher: Warum fallen wir immer noch auf so einen Scheiß rein!? Wie emanzipiert sind wir wirklich, wenn wir es uns einfach nur schwermachen und dabei immer noch jeden Mist glauben, der uns verunsichert?

Frauenzeitschriften, Modemarken, Kosmetikhersteller – sie alle bauen auf unsere Angst, nicht schön genug zu sein für die Welt. Und es klappt ganz hervorragend. Selbst die meisten Models, die das angebliche Ideal verkörpern sollen, mäkeln ständig an sich herum, fühlen sich hässlich und quälen sich von einer Diät in die nächste, oft heißt das Ergebnis: Essstörung.

Das Grausamste an alldem ist, dass es nur zum Teil auf dem Instinkt basiert, einen Partner finden zu müssen.

Sie glauben, Frauen bemühen sich, schön zu sein, um damit für Männer attraktiv zu sein? Das habe ich auch mal gedacht. Nur, wie kommt es dann, dass sie – haben sie einen Partner – ihm dann auch auf die Nerven gehen mit Kalorienzählen, Diäten, Haarverlängerungen und diversen kosmetischen und/oder modischen Eskapaden, die ihm fast immer völlig egal sind?

Weil Frauen Angst haben, ihn zu verlieren, wenn sie nicht schön oder perfekt genug sind?

In Wahrheit geht es nicht um Männer, sondern um andere Frauen. Mode ist beispielsweise keine »Erfindung«, um Frauen attraktiver für Männer zu machen, denn dann hätte sich die Mode doch vermutlich seit etwa Ende der 1960er (mit der Erfindung des Minirocks) nicht mehr weiterentwickelt. Würden Frauen sich anziehen, um für Männer attraktiv zu sein, wären sie deutlich spärlicher gekleidet.

| 1900 | 1930 | 1940 | 1950 | 1967 |

Wir haben Angst vor anderen Frauen und müssen uns vor anderen Frauen beweisen. Aber möglichst subtil und unauffällig!

Frauen konkurrieren auf eine andere Weise miteinander als Männer: Während Männer es offen tun und als Teil ihrer Beziehungspflege sehen, tun es die meisten Frauen eher verdeckt, aber umso härter. Der Kampf geht um die neuesten Modetrends, die schlankste Taille oder auch den »besten« Partner. Und ganz wichtig: nicht darüber sprechen, zumindest nicht offen.

An der Oberfläche sind Frauen stets freundlich und lieb, manches Mal ein bisschen arrogant, aber immer mit einem

Lächeln. Viel mehr als die Männer halten sie sich für Gutmenschen und sind stets damit beschäftigt zu zeigen, wie nett und hilfsbereit und freundlich sie sind. Sooo mitfühlend und feinfühlig, nicht wahr? Und im Untergrund brodelt die beißende Angst, nicht gut genug zu sein, nicht schön genug, nicht interessant genug, nicht schick genug, nicht schlank genug, und es brodeln all die »verbotenen Gefühle« wie Neid, Missgunst und Rache, die nie so richtig rausdürfen und dennoch immer irgendwo sind. Was für ein Stress!

Die meisten Frauen sind daher auch entsprechend gestresst, denn sie müssen in allem perfekt sein und haben sich selbst Aufgaben auferlegt, die unmöglich zu erreichen sind.

Und so wünscht sich auch die »starke Frau« meist nichts sehnlicher als einen starken Mann. Einen Mann, der so souverän und charakterfest ist, dass sie endlich »loslassen« kann, dass sie ihre »weiche Seite« ausleben kann (wenn sie die noch findet), einen Mann, an dem sich auch die starke Frau endlich anlehnen kann. Und der auch bitte schön »präsentabel« ist.

Leider begegnet die »starke Frau« einem solchen Mann nur sehr selten, denn sie wirkt meist gestresst und schlecht gelaunt, und die meisten Männer kaufen ihr die Show ab, dass sie niemanden »braucht«. Außerdem wirken solche Frauen auf viele Männer eher wie Konkurrenten. Sie benehmen sich so maskulin, dass der Mann in der Frau direkt ein Gegenüber sieht, mit dem er sich in Konkurrenz setzen kann (und folglich muss). Mit anderen Männern ist das ganz normal und auch erwünscht. Aber vermutlich ist das genau einer der Punkte, die Männer – ohne es zu wissen – an Frauen attraktiv finden: dass sie mit ihrer Partnerin eben nicht in diese Konkurrenz-Rangeleien gehen müssen, sondern von ihr akzeptiert und geliebt werden, wie sie sind. Sie haben keine Lust auf eine Beziehung mit der Aussicht auf wiederkehrende Status-Rangelei (selbst wenn das der jeweiligen Frau völlig schnuppe wäre). Und so trifft die starke Frau immer wieder nur auf Männer vom »Golden Retriever«-Kaliber, die ihr bereitwillig überallhin folgen.

Oft haben sich erfolgreiche, vermeintlich selbstbewusste Frauen heute so sehr daran gewöhnt, ihren Weg zu gehen, Entscheidungen zu treffen, Ansagen zu machen, dass selbst ein Mann, der nicht von vornherein ein Lappen ist, kaum eine andere Chance hat, als ihr hinterherzulaufen. Sie merkt oft gar nicht, dass sie ihren Partner zum »Golden Retriever« degradiert, und ist unzufrieden, wenn sie nach ein paar Monaten Beziehung (mal wieder) feststellt, dass der Mann an ihrer Seite kein »echter« Mann ist.

Oder es kommt gar nicht so weit. Viele Frauen, die so selbstbewusst wirken, verlieren all ihre »Sicherheit«, sobald ihnen ein Mann gefällt, und dann gibt es drei Möglichkeiten:

1. Sie gibt weiterhin die vermeintlich toughe, selbstbewusste, starke Frau – während sie innerlich total verunsichert ist. Was meistens zur Folge hat, dass sie ihm entweder Desinteresse vorspielt, ihn ignoriert oder mit ihm in Konkurrenz tritt und er sich von ihr nicht angezogen fühlt, weil er ihr das »Theater« abkauft, das sie veranstaltet.

2. Sie benimmt sich wie ein kleines Mädchen – wird plötzlich ängstlich, vorsichtig, schüchtern –, und er versteht die Welt nicht mehr, denn bis vor kurzem stand eine völlig andere Frau vor ihm.

3. Sie lässt sich gar nicht erst auf irgendetwas ein, weil sie nicht damit umgehen kann, dass »Er« sie nervös macht, und sie nicht damit leben kann, dass sie mal nicht die Kontrolle hat, und lernt so nur Männer kennen, die sie eigentlich gar nicht attraktiv findet.

Und dann machen Frauen es den Männern auch noch so schwer, dass sie selbst in Alltagssituationen kaum noch eine Chance haben, sich uns unaufdringlich und freundlich zu nähern. Viele Frauen scheinen zu glauben, dass mit dem Recht auf Gleichheit auch die Pflicht dazu verbunden ist. Ist eine Frau beispielsweise allein auf Reisen, und ein hilfsbereiter Mann bietet ihr höflich an, ihren schweren Koffer in den Zug zu wuchten, antwortet sie reflexartig wie 90% ihrer Geschlechtsgenossinnen mit dem Satz: »Danke, es geht schon!«

Was soll das heißen: Es geht schon? Ist das so was wie: Vielen Dank, ich quäle mich hier zwar ab, aber ich denke, das muss ich tun, um selbständig und emanzipiert zu sein? Oder ist es eher so was wie das trotzige »Nein, ich will das alleine« einer Fünfjährigen, die einen tränenreichen Wutanfall kriegt, wenn die Mutter ihr beim Zubinden der Schuhe helfen will?

Braucht man dann als Frau tatsächlich mal die Hilfe eines »bereitwilligen Retters«, findet sich keiner. Und dann heißt es: »Typisch! Es gibt keine Kavaliere mehr!« Aber eigentlich ist das doch kein Wunder: Fast jeder Mann hat das »Danke, es geht schon« inzwischen so oft gehört, dass er daraus schließt, dass Frauen grundsätzlich keine Hilfe von Männern wünschen, und er will ja nicht ständig abgelehnt werden, also lässt er es recht bald bleiben. Und das ist dann natürlich auch wieder nicht richtig …

Auch in der Beziehung ist es ganz ähnlich: Erst organisiert sie alles, dann beschwert sie sich, dass er zu passiv ist, und ständig scheint sie ihre Meinung darüber zu wechseln, was sie will. Und dann zeigt sie ihm dauernd Sachen, die sie mag, aber sie will sie gar nicht haben. Und immer wieder sagt sie das genaue Gegenteil von dem, was sie offenbar meint, denn wenn er tut, was sie sagt, bringt er sich in Teufels Küche.

Ja, es uns Frauen recht zu machen ist vermutlich unmöglich. Vielleicht sollte Mann es daher gar nicht erst versuchen.

Mitunter liegt es aber auch daran, dass wir von den Männern leicht missverstanden werden können, weil wir häufig – aus männlicher Sicht betrachtet – zu viele unserer Gedankenprozesse kommunizieren: Wenn Frauen über etwas nachdenken, dann tun sie das sehr gerne laut, denn die Gedanken zu teilen ist ihre Art der Beziehungspflege. Das Problem daran ist nur: Teilen sie ihre Gedanken mit einem Mann, so geht dieser in der Regel davon aus, dass sie ihm das »Endergebnis« ihrer Gedanken – also eine Entscheidung, einen Wunsch, eine Absicht – mitteilen und nicht nur den Teil eines Prozesses von Überlegungen, Abwägungen und Ideen. Nimmt ein Mann diese Aussagen also ernst im Sinne von »endgültig gültig«, wird er bald den Eindruck haben, dass Frauen ihre Meinung ständig ändern – während sie einfach nur dabei sind, sie sich überhaupt zu bilden.

Vielleicht wird es aber auch Zeit, dass Frauen lernen, dass das, was sie »endgültig gültig« sagen, nicht immer das ist, was sie tatsächlich meinen. Welche Frau ist schon so ehrlich, sich selbst einzugestehen, dass das, was sie sich von einem Mann wünscht, nicht das ist, was sie tatsächlich kickt!?

Vielleicht wird es auch Zeit, dass Frauen lernen, dass echte Emanzipation nicht heißt, dass sie die besseren Männer sein oder von ihnen fordern müssen, weiblicher zu werden, sondern dass Frauen sich endlich gut genug finden, so wie sie sind – egal, was das in Zentimetern, Kleidergrößen, Haarstrukturen, Hautbeschaffenheit, Gesichtsformen, Schamlippen oder sonst was bedeutet!

Dass sie nicht mehr so viel darüber nachdenken, wie sie sein sollen, sondern wieder mehr Spaß haben. Auch Spaß daran, Männer um den Finger zu wickeln, denn genau das ist es doch eigentlich, was sich die Männer auch von uns wünschen würden: dass wir unsere (Achtung: Sexismus!) »Weiblichkeit« einsetzen.

Die Wahrheit über Frauen ist, dass sie den Traum von einem Mann haben, der nicht nur weiß, was sie wollen, sondern auch, was er will. Sie träumen von dem Mann, der stark genug ist, durch ihre »inszenierten Dramen« hindurchzublicken, und ihren kleinen Anfällen mühelos widersteht, weil er ein Mann ist und das nicht so ernst nimmt. Was zugegebenermaßen schwierig ist in einer Zeit, in der so viele Männer darauf »trainiert« sind, das »Richtige« zu tun, und leider glauben, dass wir meinen, was wir sagen … Wie soll Mann es aber auch besser wissen?

Wie und woher soll ein Mann wissen, dass eine Frau, die in allen anderen Bereichen des Lebens selbstbewusst, erfolgreich, selbständig ist, im Beziehungsbereich mindestens so verunsichert ist wie er selbst?!

Die Wahrheit über Frauen ist, dass viele von ihnen »Stärke« mit »Härte« verwechseln: Sie haben gelernt, dass sie stark sein müssen, um etwas aus sich zu machen, und sie haben sich das »Starksein« von ihren männlichen Rollenvorbildern abgeschaut: Sie sind hart geworden und bitter. Sie sind durchsetzungsfähig und rigide – aber sie fühlen sich dadurch nicht stark. Eher im Gegenteil. Und meistens fühlen sie sich einsam.

Die Wahrheit über Frauen ist, dass sie so viel Stärke in sich haben, die sie nicht zu schätzen wissen: dass die Verbindung zu ihren Emotionen, die Fähigkeit der Kommunikation über Emotionen und die Flexibilität des Wechsels zwischen Denken und Fühlen starke, urweibliche Fähigkeiten sind, die sie nicht vernachlässigen oder gar verdammen sollten. Dass eine der stärksten Kräfte überhaupt die Freude ist und jede Frau vor allem eines nicht unterschätzen sollte: die Macht und Kraft ihrer Freude und wie wichtig es deshalb ist, dass sie dafür sorgt, dass sie Spaß hat und es ihr gutgeht.

Die Wahrheit über Frauen ist, egal wie selbstbewusst oder stark sie sich geben: In ihnen wohnt ein Mädchen – und dieses Mädchen hat Träume. Dieses Mädchen hat Ängste. Dieses Mädchen ist nicht so selbstsicher, wie es tut.

Die Wahrheit über Frauen ist, dass 99,9% von ihnen Selbstzweifel haben, am liebsten über ihr Äußeres: Egal wie weit wir uns davon wegbewegen wollen, wie sehr wir »gendern« und uns um Gleichstellung bemühen: Frauen wachsen auf mit der ständigen Botschaft, dass sie lieb und brav sein sollen, dass sie sich andererseits aber auch durchsetzen sollen (tolle Kombination!), dass sie schön sein sollen, dass sie nicht schön genug sind, dass sie schlau sein müssen, aber es nicht raushängen lassen dürfen, weil sie sonst nicht mehr gemocht werden, und dass es überhaupt das Wichtigste ist, gemocht zu werden.

Kurzum: Es kann ziemlich anstrengend sein, im 21. Jahrhundert eine Frau zu sein!

Die Wahrheit über Frauen ist, dass sie sich deshalb oft nur schwer entscheiden können, weil sie auf (viel zu) viele winzige Kleinigkeiten achten und so viele davon in ihren Entscheidungsprozess mit einbeziehen. Und wahrscheinlich reden sie deshalb so gerne, während sie versuchen, sich zu entscheiden. Und wahrscheinlich fragen sie deshalb auch so gerne andere nach ihrer Meinung, nicht für eine ernsthafte »Beratung«, sondern nur, um sich durch die Kommunikation ihrer eigenen Wünsche, Bedürfnisse und Prioritäten besser bewusst zu werden.

Die Wahrheit über Frauen ist, dass sie reden müssen, um klar denken zu können, und dass sie reden wollen, um Beziehung herzustellen. Wenn eine Frau einem Mann bcim Shopping ständig Dinge zeigt, die sie schön findet, dann tut sie das nicht aus Kaufinteresse, sondern aus Liebe und dem Bedürfnis der Beziehungspflege: Sie teilt ihre Gedanken und ihre Begeisterung mit dem Partner, um Nähe herzustellen.

Die Wahrheit über Frauen ist aber auch, dass sie nur schwer damit leben können, sich unbeliebt zu machen. Sie sagen oft das Gegenteil von dem, was sie eigentlich sagen wollen, weil sie fürchten, wenn sie nein sagen, werden sie nicht mehr gemocht, und wenn sie ja sagen, hat das irgendwelche Folgen, die sie nicht möchten. Sie sind auch unheimlich gut darin, zuverlässig die falsche Entscheidung zu treffen. Und all das ist ihnen nicht einmal bewusst: Für eine Frau ist das Abwägen ihrer Worte in Bezug auf den Einfluss auf die Beziehung so normal, es geht so schnell und automatisch, dass sie es nicht einmal wahrnimmt. Viele Frauen können gar nicht anders: Sie denken nicht über die eigentliche Frage nach, sondern über die Beziehung, die damit zusammenhängt – und das führt zu einem für den Mann oft völlig unverständlichen Wust an Aussagen und Folgen, die für ihn absolut unlogisch sind.

Die Wahrheit über Frauen ist, dass keine von ihnen sich so schön findet, wie ein Mann sie finden kann – und dass ihnen diese Tatsache nicht bewusst ist.

Die Wahrheit über Frauen ist, dass sie einen Mann nicht mögen, weil er alles macht, was sie wollen, sondern wenn er alles macht, was er will, und wenn das, was er will, die jeweilige Frau ist.

Unten auf der Straße hat die Frau aufgehört zu schreien. Ich schaue runter und sehe, wie der Mann sie im Arm hält und sie ein bisschen schluchzt. Er redet nicht, er hält sie einfach fest und küsst ihr Haar. Es gibt ohnehin nichts, was er in dieser Situation sagen könnte, und so tut er das Allerbeste: Er sagt nichts. Er ist dageblieben, hat sie an sich gezogen, ihr Theater ignoriert und zeigt ihr, dass er sie liebt. Denn bei all dem blöden Gequatsche von Frauen wirkt die nonverbale Kommunikation der Liebe eines Mannes wohl doch noch am besten.

Die Wahrheit über Partnerwahl

Vor mir sitzt eine Ärztin. Doch es ist nicht ihre Sprechstunde, sondern meine, denn sie ist verzweifelt. Die Männer, die ihr früher gefallen haben, treffe sie nicht mehr. Lebenskünstler, Musiker, wilde Jungs – das sei genau ihr Ding gewesen. Immer. Und nun scheint dieser Typ Mann wie vom Erdboden verschluckt. Das ist aber nicht der wahre Grund ihrer tiefen Verzweiflung. Sie ist nicht auf der Suche nach einem Partner und findet keinen, nein: Sie sei verzweifelt, weil sie das Gefühl hat, sich in einen Kollegen zu verlieben, der doch überhaupt gar nicht ihrem »Beuteschema« entspreche. Jetzt mache sie sich Sorgen, dass sie in einer »komischen Phase« sei oder den Kollegen nur aus Verzweiflung gut finde. Das käme ihr alles komisch vor.

Was ist das eigentlich? Dieses Beuteschema? Und wie viel wissen wir darüber?

Im Frühsommer 2015 habe ich selbst eine Umfrage unter 88 Singles gemacht und sie gefragt, welche Eigenschaften sie an einem potenziellen Partner besonders wichtig finden. Es gab keine großen Neuigkeiten: Die Spitzenplätze waren bei Männern wie bei Frauen belegt von den Klassikern unter den wünschenswerten Eigenschaften: humorvoll (88%), treu (77%), zuverlässig (77%) und gepflegt (72%).

Jeder von uns kennt mindestens einen Menschen, der all diese Eigenschaften vereint: humorvoll, treu, zuverlässig und gepflegt – und vollkommen uninteressant.

Anziehung ist nicht logisch erklärbar und folgt auch keinen politisch korrekten und »vernünftigen« Wünschen und Argumentationen.

Fragt man Männer und Frauen, was sie von einem potenziellen Partner erwarten, was sie sich wünschen oder was einen Vertreter des anderen Geschlechts zu einem »Traumpartner« mache, dann gibt es auf beiden Seiten zwei Versionen: die »offizielle« (sprich: »politisch korrekte«) Version und die Wahrheit.

Häufig liegt der Unterschied zwischen den Versionen gar nicht mal daran, dass die Menschen, fragt man sie nach ihren Wünschen, schamlos lügen würden … Nein, es ist vielmehr so, dass diese offizielle Version das ist, was unser Bewusstsein sich »traut«, auf diese Frage zum Vorschein zu bringen.

Unterhält man sich mit den jeweiligen Befragten etwas länger oder, noch effektiver, belauscht man sie in Gesprächen mit gleichgeschlechtlichen Freunden, stößt man sehr bald auf die »echte Liste«. Diese ist fast immer extrem sexistisch, und das zu Recht … Sie ist also der Part, der politisch höchst unkorrekt ist, weshalb man diesen Teil seiner Wünsche und seines »Beuteschemas« auch nie in einer Umfrage preisgeben würde. Wobei in einer Umfrage mit Wahlmöglichkeiten zum Ankreuzen nach solchen Wünschen auch nicht gefragt werden würde.

Zusätzlich zu dieser »echten Liste« gibt es das Anziehungsschema. Dieses Schema ist nicht immer dadurch gekennzeichnet, wie die Person einen Traumpartner empfinden würde, sondern zeigt, von welchen Menschen die Person sich tatsächlich angezogen fühlt, mit welchen Menschen die jeweilige Person Beziehungen eingeht – oder es zumindest versucht. Das ist der »unvernünftige« Teil der Liste; die Person weiß meistens schon, dass dieser Typ Mensch als Partner nur Ärger bringt, kann aber nicht anders …

»Traumpartner-Listen« von Männern und Frauen – und die absolute Wahrheit

»Offiziell«

Fragt man Männer, was sie sich von einer Frau wünschen, dann liegt die Anzahl der gewünschten Attribute meist im einstelligen Bereich: gutaussehend, intelligent, humorvoll – daneben gerne auch aufgeschlossen, selbständig, entspannt –, das sind die häufigsten Aussagen, die ich von Männern in den letzten 15 Jahren in meinen Seminaren erhalten habe.

Tatsächlich sind Männer bei ihren Aussagen ziemlich »zurückhaltend«, wenn man sie nach der »Traumfrau« fragt. Sie reden viel eher darüber, was für sie »tolerierbar« oder »akzeptabel« wäre, als darüber, was sie wirklich gerne hätten.

Das Online-Dating-Portal Elitepartner hat seine männlichen Mitglieder im September 2011 danach gefragt und kam zu folgenden Ergebnissen:

Was muss eine Frau unbedingt haben, damit Sie sie näher kennenlernen wollen?

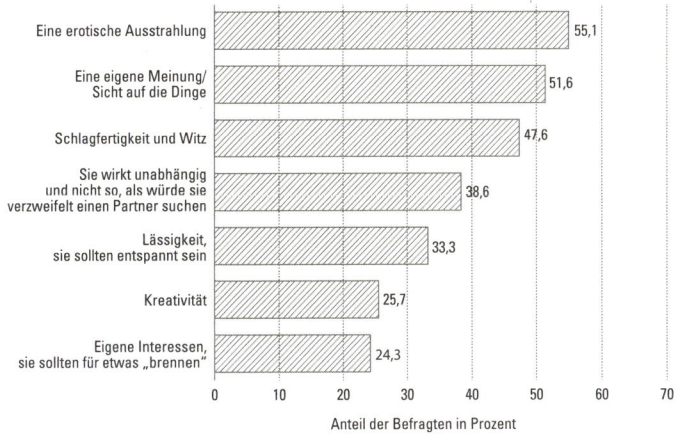

Weitere Informationen:
Deutschland; Österreich; Schweiz; ElitePartner.de; September 2011
37.84 ElitePartner-Mitglieder; Deutschsprachige männliche Singles

Quelle: ElitePartner.de © Statista 2015

Das Portal hat sich wohl nicht getraut, die weiblichen Mitglieder zu befragen – zumindest habe ich keine entsprechende Umfrage gefunden.

Eigentlich kein Wunder: Fragt man Single-Frauen, was ihnen bei einem Mann am wichtigsten ist bzw. welche Eigenschaften er unbedingt haben sollte, dann wird deutlich, dass selbst die »bewusste Liste« bereits deutlich länger ist als die der Männer.

Was muss ein Mann unbedingt haben, damit Sie ihn näher kennenlernen wollen?

Gehe ich meine eigenen früheren Listen und die Aussagen meiner weiblichen Klienten und Bekannten durch, dann ist eine typische weibliche Liste selten unter 20 Punkte lang. Wie sollte er sein, der Traumpartner?

73

- treu
- zuverlässig
- humorvoll
- gesundheitsbewusst
- in sich ruhend
- freundlich
- gebildet
- höflich
- interessiert
- verständnisvoll
- kreativ
- handwerklich begabt
- stark – ohne hart zu sein
- aufgeschlossen
- kommunikativ
- positiv denkend
- konfliktfähig
- klug
- mit beiden Beinen im Leben stehend
- fair
- eigene Meinung
- finanziell unabhängig
- wahlweise kinderlieb und/oder tierlieb

… um nur einige »wenige« zu nennen.

Auch eine der weltweit größten Stichproben, die BBC Internet-Studie,[1] zeigt die Unterschiede zwischen den Geschlechtern. In dieser Studie wurde 119 733 Männern und 98 462 Frauen aus 53 Ländern eine Liste mit 23 Eigenschaften vorgelegt. Die Frage lautete: Welche sind die drei wichtigsten? Das Ergebnis: Männer achten angeblich bei ihrer Partnerinnenwahl erstens auf Intelligenz (49%), zweitens auf gutes Aussehen (43%) und drittens auf Humor (42%). Für Frauen zählt Humor (53%) als wichtigste Männer-Eigenschaft, gefolgt von Intelligenz (44%) und Ehrlichkeit (39%). Das Äußere ist nicht ganz vorne dabei. Geld und Sozialstatus landeten weit abgeschlagen auf den hinteren Rängen.

Schon klar, und der Papst ist evangelisch.

So viel also zu dem, was Männer und Frauen *sagen,* wenn man sie konkret fragt. Bohrt man ein wenig tiefer oder zieht man Rückschlüsse aus dem, was Männer und Frauen sagen, wenn sie nicht konkret gefragt werden, sieht das Bild deutlich anders aus.

Die »inoffizielle«, sprich ehrliche Liste

Die Liste der Frauen verlängert sich signifikant um diverse Punkte wie: Er sollte genug Zeit für mich haben, eigenen Hobbys nachgehen, meine Freundinnen mögen, mit meinen Eltern klarkommen, mich trösten können, einen Führerschein haben, eine eigene Meinung haben, kompromissbereit sein, keinen markanten Dialekt sprechen (zumindest keinen anderen als ich), nicht weniger verdienen als ich, keine Haare auf dem Rücken haben und noch ungefähr 98 weitere Eigenschaften …

… die sich übrigens auch gerne gegenseitig ausschließen dürfen. Das ist für Frauen gar kein Problem: Er soll einen großen Freundeskreis, eine feste Arbeit, eigene Hobbys und mindestens eine große Leidenschaft haben – und immer ganz viel Zeit für mich. Kein ungewöhnlicher Wunsch für eine Frau. Kommt Ihnen jetzt gar nicht so unrealistisch vor? Dann sind Sie vermutlich eine Frau.

Es gibt auch Frauen, die behaupten, sie hätten gar keine Liste. So wie neulich eine Klientin von mir, die behauptete, es sei ihr überhaupt nicht wichtig, welchen Beruf oder welche Hobbys ein Mann hätte. Sie sei vollkommen offen, für jede Art von Mann, eine »Liste« habe sie nicht. Aber einen Reifen wechseln müsste er schon können. Und ein festes Einkommen haben. Und größer als sie sein. Und Auto fahren können. Und gut Englisch sprechen. Und sich für Literatur interessieren und nicht nur Auto- oder Sportmagazine lesen. Es wäre schon gut, wenn er sich mit Computern auskennt, aber er sollte bloß kein »Nerd« sein. Er sollte auf jeden Fall einen guten Klamottengeschmack haben, aber auch nicht zu eitel sein. Ach ja, und er sollte bloß kein »Ossi« sein und auch sonst keinen Dialekt haben. Aber sonst … völlig offen. Absolut keine Liste.

Wenn Frauen in meinen Seminaren ihren »Traumpartner« oder ihr »perfektes Bild einer Partnerschaft« beschreiben, wird den meisten Männern ziemlich komisch zumute – und nicht immer ist es »haha-komisch«.

Interessanterweise scheint sich die »realistische Liste« der Männer im Gegensatz dazu signifikant zu verkürzen, wenn man nicht »offiziell fragt«, sondern einfach mal (»heimlich«) zuhört.

Die perfekte Frau:
- hat geile Titten und einen strammen Arsch
- ist nicht unbedingt auf den Kopf gefallen (aber keinesfalls schlauer als er)
- ist nicht auf den Mund gefallen (aber keinesfalls schlagfertiger als er)
- hat Humor, das heißt, sie lacht über seine Witze
- nervt nicht rum

Auch wenn Sie jetzt vielleicht gerne protestieren möchten – die Liste ist nicht »schlechter« als die der Frauen – und genauso unerfüllbar.

Die meisten Männer wären vermutlich unglaublich froh, wenn sie genau diese Frau finden könnten. Gerade die Kombination in der Liste hat nämlich offenbar auch ihre Tücken. Die »Traumfrau« des Mannes ist heutzutage schwer zu finden. Findet sie ihn lustig, ist sie meist schlauer als er, hat sie den perfekten Körper, versteht sie seinen Humor nicht, findet sie ihn lustig und hat den perfekten Körper, ist sie dumm wie Brot … Ich habe das alles schon gehört. Selbst bei diesem vermeintlich einfachen Anforderungsprofil ist die Traumfrau seltener als ein sibirischer Tiger in einer deutschen Fußgängerzone.

Dazu stehen auch die Männer den Frauen kaum nach, wenn man durch Ableitung dessen, was unter Männern so nebenbei in Gesprächen ausgetauscht wird, eine Liste aus weiteren »wünschenswerten Eigenschaften« erstellt: Die perfekte Frau (siehe oben) hat immer Lust auf Sex, sie sieht auch morgens schon super aus, hat immer gute Laune, will nicht über die Beziehung reden, lässt ihn mit anderen Frauen schlafen (ist aber selbst treu), sie ist gut im Bett, meckert niemals und hat auch niemals ihre Tage (und schon gar keine PMS).

Oder, wie neulich irgendwo gelesen: Die perfekte Frau ist nett, verständnisvoll, attraktiv und humorvoll und verwandelt sich pünktlich zur Sportschau in einen Kasten Bier und eine Pizza.

Im Gegensatz zu den Frauen allerdings scheint den Männern deutlich klarer zu sein, dass diese Wünsche nicht sonderlich realistisch sind – wahrscheinlich verfallen sie daher so oft in die Beschreibung des »Akzeptablen«. Apropos realistisch … Wie sieht's denn nun wirklich aus?

Worauf Männer und Frauen
wirklich achten

Worauf Männer und Frauen bei der Partnersuche tatsächlich achten, das erfährt man nicht, indem man sie fragt, sondern indem man sie beobachtet. Und das geht fast überall – doch besonders deutlich wird es, wenn Männer und Frauen gezielt vor dem Hintergrund der Partnerwahl aufeinandertreffen: Bei Singlepartys und Speeddatings wird schnell klar, wie weit es her ist mit guten Charaktereigenschaften und wie wenig uns unsere »Liste« tatsächlich kratzt, wenn die potenziellen Kandidaten vor uns stehen oder sitzen.

Der Persönlichkeitspsychologe Jens Asendorpf hat im Rahmen einer Studie an der Berliner Humboldt Universität[2] eine Serie von Speeddatings veranstaltet und kam zu einem Ergebnis, das mich wenig überrascht. Für seine Studie teilte er 384 heterosexuelle Singles im Alter von 18 bis 54 Jahren in 16 sich im Alter ähnelnde Gruppen zu je 24 Personen ein. Diese 12 Männer und 12 Frauen saßen sich jeweils 3 Minuten gegenüber, unterhielten sich und notierten dann – wie beim Speeddating üblich –, ob sie das jeweilige Gegenüber wiedersehen wollten oder nicht.

Bevor das Speeddating stattfand, wurde mit allen Probanden ein psychologischer Persönlichkeitstest durchgeführt, mittels eines Fragebogens wurden Bildungsstand und Einkommen ermittelt sowie die Zahl der vorherigen Beziehungen und Sexualkontakte eruiert. Auch wurde die Gesichtsattraktivität bestimmt sowie Informationen zum Klang der Stimme und dem Hormonhaushalt festgehalten. Nach der Auswertung der 12 mal 3 Minuten, in denen Informationen ausgetauscht werden konnten, wurde ziemlich deutlich, dass man für das Ergebnis keine drei Minuten gebraucht hätte: Entscheidend für den Wiedersehenswunsch war bei beiden Geschlechtern die Gesichtsattraktivität. Unabhängig davon war ein wichtiges Kriterium gerade für Frauen, ob in der Stimme des Mannes Sympathie mitschwang.

Auch bei den sonstigen Merkmalen werden all unsere Vorurteile bestätigt und alle Beschwichtigungsversuche der Onlinepartnerbörsen zunichtegemacht: Frauen bevorzugten große vor kleinen und erfahrene vor unerfahrenen Männern. Mit anderen Worten, wer unter 1,75 und Jungfrau ist, hat schlechte Chancen. Wer noch dazu kein schönes Gesicht hat, wird mit hoher Wahrscheinlichkeit auch Jungfrau bleiben.

Den Männern war die Größe der Frauen dagegen relativ egal. Interessant war allerdings, dass auch im 21. Jahrhundert als Frau »sexuell erfahren« zu sein, kein positives Kriterium ist, im Gegenteil. Weiterhin gab es bei den Männern einen eindeutigen Trend zur Bevorzugung schlanker Frauen vor übergewichtigen Frauen, was umgekehrt nicht annähernd so drastisch ausfiel. Zumindest schien es kein Hauptkriterium zu sein, immerhin ein Trost, zumindest für die übergewichtigen Männer. Bei der Partnerwahl seien Männer im Allgemeinen weniger wählerisch als Frauen, vor allem in jungen Jahren. Bei den Älteren sei es genau umgekehrt, so fasste Asendorpf die Ergebnisse der Studie in dieser Hinsicht zusammen.

Das Resümee der Studie ist ernüchternd:

* *Speed Dating ist ein interessantes und praktikables Paradigma der Attraktionsforschung*
* *Gesichts-Attraktivität ist ein unschlagbarer Prädiktor für Wahl durch anderes Geschlecht für beide Geschlechter; bei Männern*

auch Attraktivität der Stimme, Körpergröße und Erfahrung
mit vielen Sexualpartnern (Frauen berücksichtigen also mehr
Informationen als Männer)

- *Attraktive Männer und Frauen sind generell wählerischer; unter 40 sind Frauen wählerischer, über 40 Männer*
- *Flirten ist stark reziprok und sagt deshalb nicht viel über individuelles Interesse aus*
- *Testosteron- und Östrogenspiegel sind nach Kontrolle des Alters nicht prädiktiv für Wahlverhalten*
- *Eine sexuelle Beziehung (Chance 6%) wird durch kurzfristiges Interesse des Mannes und niedrige Bildung der Frau gefördert; eine verbindliche Beziehung (Chance 4,5%) durch langfristiges Interesse der Frau und Bildung des Mannes*

Wenn ich dieses Hochschul-Chinesisch mal eben übersetzte, dann wären auf den ersten Blick all unsere Vorurteile, unsere Stammtischweisheiten und unsere Befürchtungen bestätigt:

- Kleine Männer und dicke Frauen haben es schwerer, einen Partner zu finden
- Frauen achten auf deutlich mehr Kriterien – Männer können auch auf andere Weise »Punkte« sammeln als nur mit ihrer optischen Attraktivität. Frauen eher nicht.
- Sexuell erfahrene Frauen sind unattraktiver als »echte Partnerin« für Männer – Männer mit Erfahrung sind attraktiver für Frauen.
- Frauen über 40 dürfen nicht mehr wählerisch sein – Männer über 40 schon.
- Und letztlich offenbar auch: Dumm fickt gut oder zumindest schnell.

Aber glücklicherweise lernt man (s)einen Partner ja nicht (ausschließlich) beim Speeddating kennen, auch wenn das natürlich sehr effizient wäre.

Nichtsdestotrotz: Unsere Prioritäten hinsichtlich der Attraktivität des Gegenübers sind alles andere als »politisch korrekt«, sie sind höchst sexistisch, oft oberflächlich und widersprechen mitunter dem, was wir gerne über uns denken wollen. So ist es nun mal.

Je mehr Forscher sich mit dem Phänomen der Partnerwahl beschäftigen, umso deutlicher wird, warum es so kompliziert ist, denn das »Gemisch« aus Kriterien ist so mannigfaltig und weitreichend, dass es tatsächlich einem Wunder gleichkommt, wenn man einen Partner findet. Und gleichzeitig wird auch deutlich, dass jedes Paar, das sich online findet, nicht aufgrund des ach so wissenschaftlichen »psychologischen Persönlichkeitstests« des jeweiligen Anbieters, sondern wohl eher auf der Basis von purem Zufall und reichlich Glück zueinanderfinden konnte. Weil sie nicht wegen des Testergebnisses, sondern vielleicht eher sogar trotz des Ergebnisses gut zusammenpassen.

Ein paar Kostproben gefällig?

Laut einer Forschungsarbeit des schottischen Psychologen David Perrett[3] entscheiden sich bis zu 80% der Menschen für Partner, die ihrem gegengeschlechtlichen Elternteil ähnlich sehen. Viele Männer fühlen sich zu Frauen hingezogen, die dem Aussehen der Mutter ähneln. Umgekehrt stehen viele Frauen auf Männer, die Ähnlichkeit mit ihren Vätern aufweisen. Es hängt allerdings – gerade bei den Frauen – von der Beziehung zu den eigenen Eltern ab: Frauen, die ein schlechtes Verhältnis zu ihren Vätern haben, suchen eher das optische Gegenteil. Männer nicht unbedingt.

Mit anderen Worten: Neben all unseren Listen, Wünschen, Anforderungen, Ideen und Kriterien suchen wir am Ende offenbar unbewusst jemanden, der einerseits attraktiv ist und andererseits jemandem ähnlich sieht, den wir schon kennen …

Es gibt Untersuchungen, die beweisen wollen, es käme auf die Form des Gesichts an sich an, und andere, die zeigen, es ginge um das Verhältnis von Schultern, Taille und Hüfte, bei wieder anderen wird klar, das Verhältnis von Hüfte und Taille wirkt nur mit dem entsprechenden Gang dazu.

Sogar die Farbe der Kleidung beeinflusst offenbar unsere Wahl: Wissenschaftler der Universität Rochester fanden heraus, dass rotgekleidete Frauen öfter als andere um ein Date gebeten werden. Männer waren gegenüber Frauen in Rot auch fast doppelt so großzügig wie gegenüber Frauen, die beispielsweise Blau trugen.

Männer wiederum wirken deutlich attraktiver auf Frauen, wenn sie bereits in Begleitung einer Frau sind. Offenbar urteilen Frauen nach dem Motto: »Andere Frauen können nicht irren«, und halten einen Mann für begehrenswerter, wenn er bereits von einer anderen Frau für gut befunden wurde.

Selbst die Temperatur spielt offenbar eine Rolle: Ein heißer Kaffee in der Hand führt nicht nur zu einer positiven Einschätzung anderer, sondern macht einen selbst auch »warmherziger«, entdeckten amerikanische Forscher in verschiedenen Versuchen.[4]

Und dann gibt es noch die Sache mit der biologischen Programmierung: In unserer Nase gibt es einen Bereich, der die Pheromone des Gegenübers wahrnehmen kann und damit entscheidet, ob wir den anderen »riechen können« oder nicht. Diese Einschätzung wird bei der Frau allerdings verfälscht, wenn sie die Pille nimmt.

So gibt es wohl noch tausend Dinge mehr, die beeinflussen, wen wir wann attraktiv finden und warum. Und jede Kombination wirkt bei jedem Menschen anders.

Es gibt zahlreiche Forscher, die behaupten, das alles wäre tatsächlich nur zweitrangig, denn bei der Entscheidung für einen Partner ginge es hauptsächlich um unbewusste, psychologische Auslöser, die mit unseren Kindheitstraumata zu tun haben. Das würde auch erklären, warum wir uns mit unterschiedlichen Partnern zwar unbewusst, aber quasi vorprogrammiert immer wieder in dieselben Schwierigkeiten bringen. Immer wieder »den falschen Partner« zu wählen ist keine Seltenheit.

Die Art, wie wir Attraktivität empfinden und in welcher Weise wir dieses Empfinden entwickeln, macht es ungleich schwieriger, die oder den »Richtigen« zu erkennen bzw. seine Aufmerksamkeit zu gewinnen.

Eine Frau ist für einen Mann zum einen eine Herausforderung, etwas, bei dem er »gewinnen« kann. Ein Erfolg ist nur dann wirklich etwas wert, wenn es nicht ganz so einfach war. Oder, um es mit anderen Worten auszudrücken: Ein Jäger hängt sich kein Geweih eines Hirsches ins Jagdzimmer, den er zufällig überfahren hat. Und zum anderen ist eine Frau (oder mehrere) natürlich auch eine Errungenschaft, etwas, das ihm in seinem Konkurrenzverhalten anderen Männern gegenüber hilft.

Keine Sorge, meine Damen, nicht alle Männer machen das. Ebenso wenig wie alle Frauen sich stereotyp verhalten. Aber auch sie sind ab und zu sehr gut darin, sich für einen besonders gutaussehenden oder erfolgreichen Partner von anderen Frauen bewundern zu lassen. (Natürlich würden sie das aber niemals zugeben!)

Vielleicht kennen Sie auch so einen Mann, der stets eine

»Vorzeigefrau« braucht: Eine gutaussehende Frau erhöht den Status eines Mannes im männlichen Sozialgefüge. Nicht jeder Mann »braucht« das, doch gerade Männer, die auch ganz allgemein sehr weit oben in der Hierarchie sind, haben die Tendenz, bei ihrer Partnerinnenwahl auf »Statuserhöhung« zu achten. Falls Sie sich also schon immer gefragt haben, warum so viele (erfolg)reiche Männer mit zickigen oder geistig eher minderbemittelten, aber dafür »körperlich perfekten« Frauen unterwegs sind, die sie dann noch mit teurem Schmuck und Designerklamotten ausstatten – jetzt wissen Sie es: Es ist eine »Status-Beziehung«. Reden wird ohnehin überbewertet (zumindest von uns Frauen), und das kann er ja bei Bedarf auch mit anderen Männern …

Und Sie wissen auch, warum so viele Männer beim Date so viel Blödsinn reden: weil sie beeindrucken wollen. Weil sie denken, dass eine Frau bei der Erwähnung von Haus, Geld, Auto, Boot (also »Status«) beeindruckt ist und denkt, dass er ganz weit oben in der Hierarchie und deshalb ein Supertyp ist. Bei manchen Frauen klappt das ja auch – bei Vorzeigefrauen zum Beispiel –, Frauen, die es interessiert, ob er Haus, Geld, Auto und Boot hat – gut, vielleicht nicht unbedingt, weil sie den Mann wollen … nein, wohl eher das Haus. Vielleicht ist es deshalb sogar für so manchen (erfolg)reichen Mann erstrebenswert, wenn die Frau intellektuell keine große Leuchte ist: Wenn sie schön *und* schlau ist, wird's am Ende noch teurer …

Und vielleicht ist das auch die Erklärung für so manche Frau, die sich fragt, warum es so schwierig ist, einen Partner zu finden, wenn man »versehentlich« in diesem Wettbewerbsspiel landet. Weil man einen höheren Verdienst, einen »besseren« Job, ein größeres Auto hat als der Mann, den man datet. Weil man plötzlich nicht mehr »Objekt der Begierde«

(sprich »Beute«, »Trophäe«, »Ziel«), sondern Konkurrenz ist. Oder weil man in die Kategorie »schön und schlau« fällt und das für viele Männer gleichbedeutend ist mit der Aussicht auf jede Menge Ärger.

Ist das fair? Nein. Ist es sinnvoll? Nein. Ist es hilfreich? Nein. Entspricht es den Idealen unserer Gesellschaft? Gar nicht. Aber es ist die Wahrheit.

Wenn es zu gegenseitiger Anziehung kommen soll (was »Grundvoraussetzung« für eine mögliche Partnerschaft ist, solange wir die Vernunftehe ablehnen), dann wünschen wir uns auf der bewussten Ebene unseres Denkens ein paar »vernünftige Ansätze« und ein faires, zeitgemäßes Vorgehen und auch in gewisser Weise »Kontrolle« über das, was geschieht, und wie wir es beeinflussen können. Dummerweise scheint das unseren Gefühlen und Instinkten völlig schnuppe zu sein! Vielleicht löst sich dieses Problem in zwei oder drei Generationen, aber bis dahin müssen wir wohl damit leben oder eine Lösung dafür finden!

So wünschenswert die berufliche Gleichstellung von Männern und Frauen auch ist: In Sachen Partnerwahl stellt der fortschreitende Erfolg von Frauen uns vor ein »klitzekleines Problem«, wenn wir bei unserer Art der Partnerwahl (und bei den Kriterien) bleiben.

Wenn Frauen sagen, dass sie sich einen Partner auf Augenhöhe wünschen, dann meinen sie damit meistens, dass sie ein ganz klein wenig nach oben schauen wollen. Keineswegs »nach unten«. Viele Frauen behaupten zwar, dass es ihnen egal sei, was der Partner verdient, aber die Praxis zeigt, dass fast alle Frauen nach wie vor einen Mann suchen, zu dem sie ein bisschen aufschauen können, und das scheint vor allem in beruflicher Hinsicht Relevanz zu haben. Wenn jetzt jedoch mehr und mehr Frauen in Führungspositionen gehen und gleichwertig bezahlt werden, zu wem wollen sie da noch aufschauen? Vor allem, wenn die ähnlich erfolgreichen Männer auch statusorientiert sind und aus ihrer Denkweise heraus oftmals lieber eine halb so alte, durchgestylte »Vorzeigefrau« haben wollen?

Am Ende bleiben zwei Personengruppen übrig: sehr erfolgreiche, gebildete Frauen und sehr erfolglose, ungebildete Männer, und die beiden passen so gar nicht zusammen.

Wie kommen wir da raus? Wenn unsere Wünsche sich schon so voneinander unterscheiden und die Kriterien für Attraktivität und Partnerwahl so kompliziert und mannigfaltig sind, wie finden wir überhaupt zueinander?

Die Wahrheit ist: Es gibt einen Unterschied zwischen dem, was uns gefällt, und dem, was uns anzieht. Wir können das, was uns auffällt, gefällt und anzieht, in jedem Augenblick unseres Lebens unterschiedlich gewichten, doch das ist uns meist gar nicht bewusst. Spannend wird es immer dann, wenn es eine Überschneidung gibt. Wenn uns also jemand auffällt, weil er uns gefällt, und dann auch noch etwas in uns anspricht, von dem wir gar nicht wissen, was es ist. Mit anderen Worten: Vergessen Sie die »Liste«. Machen Sie ruhig eine, lachen Sie darüber, und werfen Sie sie weg. Sie haben keine Ahnung, was Sie tatsächlich wollen oder brauchen – und selbst wenn Sie glauben, dass Sie es wüssten, ist es zum einen nur die halbe Wahrheit, und zum anderen ändert es sich nahezu täglich.

Die Wahrheit über das »Sich-Finden« ist, dass es nicht schwer ist, wenn wir akzeptieren lernen, dass Männer und Frauen unterschiedliche Kriterien haben und keine der Vorgehensweisen besser oder schlechter ist als die andere. Es gibt vielleicht ein »Typisch«, aber es gibt genauso viele »Untypisch« auf beiden Seiten.

Die Wahrheit ist, dass sich die Magie der Anziehung niemals komplett wissenschaftlich erforschen lassen wird, denn es gibt zu viele Komponenten darin, als dass man sie in einer Studie erfassen könnte. Es gibt einen großen Unterschied zwischen dem, was wir tatsächlich wollen oder brauchen, und dem, was wir glauben, haben zu können. Oft genug ist Anziehung nicht abhängig von unserem jeweiligen Gegenüber, sondern auch von unserer Stimmung oder der Situation, in der wir jemandem begegnen.

Die Wahrheit ist, dass wir nicht nur auf einen bestimmten Menschen »abfahren«, sondern auch auf einen bestimmten Moment, eine bestimmte Situation, eine Idee, eine Fantasie, ein Bedürfnis, das wir gerade haben (und der jeweils andere irgendwie so wirkt, als ob er das bedienen könnte), etwas, das wir gerne lernen, werden oder sein wollen.

Es gibt Menschen, die lösen über Jahre hinweg etwas in uns aus, und andere nur für den Moment. Andere lösen über Monate gar nichts aus, und plötzlich verändert sich irgendetwas … vermutlich nennt man es deshalb »die Magie der Liebe« – weil es nicht gänzlich erforschbar und schon gar nicht berechenbar ist. Das ist zwar im ersten Moment etwas beunruhigend, aber andererseits auch wieder schön: Es ist nicht nur kompliziert, es ist auch ein bisschen verzaubert.

Die Ärztin in meiner Sprechstunde erzählt mir von ihrem Leben: Sie war immer ein braves Mädchen, das eine starke Frau werden wollte. Na ja, wenn sie so genau darüber nachdächte, dann wollte das wohl ihre Mutter so. Auch dass sie später mal Ärztin wird – sie wisse gar nicht mehr, ob sie das wirklich wollte –, aber sie hat es getan. Manchmal wollte sie am liebsten davonlaufen, in einer Hütte am Strand wohnen, in den Tag hinein leben. Ob sich etwas verändert hat in letzter Zeit? Ja, seit sie fertig ist und diese wirklich tolle Stelle gefunden hat, ist sie wieder zufriedener mit sich und ihrem Leben. Sie ist jetzt gerne Ärztin. Sie hat nette Freunde und mag sich, wie sie jetzt ist.

Ich sage ihr, dass sie sich keine Sorgen machen muss über die Veränderung in ihrem Beuteschema. Offenbar braucht sie keinen Mann mehr zum Davonlaufen. Wenn ihr Kollege auch gerne Arzt ist, ist wohl alles in Ordnung.

»Er ist Pfleger«, sagt sie.

»Schön«, sage ich, »ist er nett? Bringt er Sie zum Lachen?«

Sie lächelt – offenbar heißt das: Ja.

Die Wahrheit
übers Flirten

Ich stehe mit einem Glas Wein in der Hand an der Bar und gehe meiner Lieblingsbeschäftigung nach: Menschen beobachten. Und es gibt schon wieder so viel zu sehen: Paare, die lieber Singles wären, Freunde, die lieber Paare wären, einsame Männer, notgeile Frauen und noch so vieles mehr. Und irgendwann sehe ich meine Lieblingskombination: in einem Raum voller Menschen, einen Mann und eine Frau – und ein Haufen Missverständnisse:

Sie will nicht billig wirken.

Er will nichts falsch machen.

Sie schaut direkt weg, wenn er hinschaut.

Er überlegt, was er sagen könnte, findet nichts und traut sich nicht.

Sie denkt, dass er kein Interesse hat, und widmet sich wieder ihrem Smartphone.

Er denkt, dass sie kein Interesse hat, und schaut ganz woandershin …

Dass die beiden auch einfach miteinander spielen könnten, scheint ihnen (noch) nicht klar zu sein. Dabei hätte es so einfach sein können. Aber vielleicht liegt es genau daran: dass wir die Freude am Spiel irgendwo verlernt haben, dass es immer gleich so ernst sein muss, dass wir immer alles ganz genau wissen und verbindlich sein wollen. Und dann wünschen wir uns, glücklich zu sein … und vergessen, dass wir schon lange glücklich sein könnten, wenn wir mehr spielen würden.

Seit 2003 gebe ich regelmäßig »Flirtkurse«. Ich habe zunächst auch gelacht, als mir das jemand vorschlug, und ich konnte mir beim besten Willen nicht vorstellen, was man in einem Flirtkurs machen sollte. Heute sitzen in einem Flirtkurs Menschen zwischen 18 und 68 aus dem gesamten deutschsprachigen Raum und mit allen denkbaren Berufen vor mir. Die meisten von ihnen wollen nicht »flirten lernen«. Die meisten wünschen sich eine Partnerschaft und hoffen, dass Flirten ihnen helfen kann, einen passenden Partner kennenzulernen.

Flirten ist ein Spiel, den Satz kennt wohl jeder. Doch warum haben so viele von uns aufgehört zu spielen, als es anfing, interessant zu werden? Als sie in all die Spiele aus der Kindheit endlich all ihre Körperteile und Fantasien hätten einbringen dürfen?

Aber fangen wir ganz von vorne an. Jeder Flirt beginnt mit der Wahrnehmung des jeweiligen potenziellen Flirtpartners. Und da geht's schon los, beziehungsweise: Da hört's oft schon auf. Denn nicht wenige Flirts enden leider dort, weil unsere Ängste und Blockaden und unsere unterschiedlichen Kriterien und Bedürfnisse oft die falschen Signale senden oder uns Signale gar nicht erst erkennen lassen.

Ich frage mich, wie wir zusammenkommen wollen, wenn wir schon beim ersten Aufeinandertreffen häufig gar nicht in Kontakt miteinander kommen. Menschen – gerade in unseren Breitengraden – sind sehr gute Kontaktvermeider, und die unterschiedliche Art der Aufmerksamkeit bei Männern und Frauen füreinander macht es nicht gerade einfacher.

Während Frauen einem Mann zuerst eher (sehr) kurz ins

Gesicht schauen, um seine Gesichtszüge und seine Mimik zu erforschen, und danach (ebenfalls erst mal sehr kurz) weiter auf den restlichen Körper schauen, schauen Männer einer Frau meist zuerst reflexartig auf den Körper und dann (deutlich langsamer) weiter ins Gesicht. Frauen schauen also insgesamt deutlich kürzer (aber dafür öfter) – und sie wenden sich bei der Erwiderung eines Blickkontakts sehr viel schneller ab als Männer.

Das führt zu folgendem Missverständnis: Wenn er hinschaut, schaut sie für ihn quasi weg. Dass sie wegschaut, versteht er meist als Desinteresse. Fand er sie zunächst attraktiv, decodiert jedoch ihre Abwendung als Ablehnung, ist er enttäuscht (und macht das entsprechende Gesicht), was sie beim nächsten kurzen, verstohlenen Blick dann sieht und möglicherweise so versteht, dass er sie nicht attraktiv findet. Und damit ist der Flirt vorbei, bevor er überhaupt angefangen hat.

Dabei könnte es so einfach sein, wenn die Männer ein bisschen mehr Geduld und die Frauen ein bisschen mehr Mut hätten. Es ist zwar auf den ersten Blick kompliziert – aber durchaus lösbar.

Frauen

Die Grundeinstellung einer Frau zu einem fremden Mann ist meistens zunächst kritisch und misstrauisch: Was will er? Wie ist er? Was macht er?

Frauen haben von klein auf gelernt, dass Männer in vielerlei Hinsicht eine Gefahr darstellen. Sie müssen also durch Beobachtung herausfinden, ob der Mann für sie »gefährlich« ist. Gefährlich langweilig ist dabei auch eine Kategorie.

 **Frauen berücksichtigen die Vorzüge eines Mannes kumulierend, sprich: Ein Mann ist für eine Frau wie ein Puzzle.**

Nach und nach räumt sie ihre »Blockaden« beiseite und ersetzt sie mit Dingen, die ihr an ihm gefallen. Seine unterschiedlichen Eigenschaften bilden ein Gesamtbild aus verschiedenen Puzzleteilchen. Je mehr dieses Gesamtbild sich dem nähert, was der Frau wichtig ist und gefällt, desto mehr wird der Mann als attraktiv oder »begehrenswert« empfunden, auch wenn die ein oder andere begehrte Eigenschaft möglicherweise fehlt.

Ist der Mann beispielsweise äußerlich nicht so attraktiv, fällt er ihr zunächst zwar nicht unbedingt »ins Auge«, aber wenn er dafür humorvoll, intelligent, charmant und kommunikativ ist und sie das merken kann, hat er durchaus

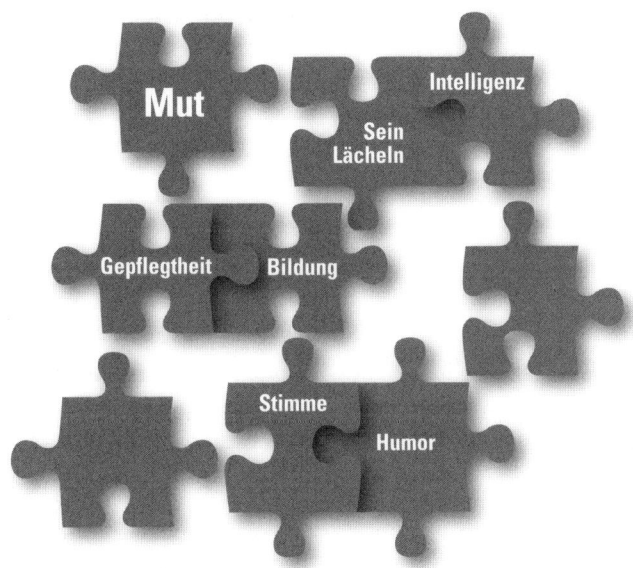

Chancen. Frauen achten bei Männern zudem mehr als umgekehrt auf das Verhalten: Wie geht er mit anderen um, wie bewegt er sich und so weiter. Manchmal kann eine kleine Geste oder ein bestimmter Gesichtsausdruck die Aufmerksamkeit einer Frau nach sich ziehen.

Erfüllt ein Mann die eine oder andere Voraussetzung wie Reichtum, Macht, Berühmtheit oder Ähnliches, ist es für die Frau unter Umständen völlig egal, wie er aussieht. (Das wird natürlich umso interessanter, je mehr es um eine Statusbeziehung geht und die Frau eigentlich lieber mit den Vorzügen der finanziellen Potenz zusammen sein möchte als mit der Persönlichkeit des Mannes.)

Das klingt im ersten Moment oberflächlich oder sogar gemein. Heißt aber letztlich nichts anderes als: Männer haben unterschiedliche (und mehr) Möglichkeiten, für Frauen attraktiv zu sein, und damit auch mehr »Flirtpotenzial«.

Mit anderen Worten: Vielleicht findet sie ihn zu Anfang noch gar nicht so interessant, aber je mehr sie ihn beobachtet oder je besser sie ihn kennenlernt, umso mehr kann sie finden, was ihr gefällt. So verwandelt sich ihr »natürliches Misstrauen« nach und nach in Interesse.

VORSICHT: Viele Männer glauben, dass es daher eine gute Idee wäre, zunächst das Vertrauen der Frau zu gewinnen, indem sie suggerieren, dass sie »ganz harmlos und ungefährlich« sind und eigentlich keinerlei »sexuelles Interesse« an der Frau hätten. Genau das ist der Weg in die Friendzone! Warum glauben Männer immer noch, dass Frauen kein Interesse an Sex haben? Oder dass sie einen Mann ablehnen würden, weil er sexuelles Interesse an ihnen hat? Wir lehnen einen Mann nicht ab, weil er mit uns schlafen will – wir lehnen einen Mann ab, wenn wir den Eindruck haben, dass er mit uns schlafen will und eigentlich gar nicht weiß, wie das geht, oder dass er vor lauter »Respekt vor unserer Persönlichkeit« gar keinen hochbekommt … Ein Mann ist gefährlich, wenn er uns vergewaltigen will, aber er ist auch »gefährlich«, wenn er bedürftig ist und uns nur auf die Nerven geht.

Eine gute Nachricht für alle Männer ist, dass ein Mann nicht zwangsläufig »schön« sein muss, um attraktiv zu sein. Gerade im Flirt fühlen sich Frauen von »sehr schönen Männern« oft eher eingeschüchtert. Sie unterstellen sehr gutaussehenden Männern auch häufiger, dass sie im Flirt nur nach einem Abenteuer suchen, und sind daher meist noch misstrauischer.

Für die meisten Frauen muss ein Mann »interessant« sein – und das kann alles Mögliche bedeuten. Leider gibt es dafür keine »Anleitung«. Es zeigt sich jedoch immer wieder, dass die Kombination aus »Ich liebe Frauen« + »Ich kann guten Sex« + »Ich muss dir nicht um jeden Preis gefallen«

für die meisten Frauen sehr anziehend ist. Wenn dazu noch eine Prise »Ich nehme mich nicht so ernst«, etwas Mut und Neugier und ein bisschen Spaß kommt, könnte es durchaus was werden, aber dazu gleich.

Männer

Bei Männern sieht es, wer hätte das gedacht, völlig anders aus: Für Männer besteht die größte Gefahr beim Flirt nicht darin, von der Frau vergewaltigt, geschwängert oder gelangweilt zu werden. Die größte Gefahr für einen Mann ist, dass sie ihn ablehnt. Männer gehen daher eher nach einer Art »K.-o.-System« vor.

Die meisten Männer können eine Frau sehr schnell sehr attraktiv finden und möchten sie dann in der Regel auch sehr gerne »erobern«.

Es ist wahrscheinlicher, dass ein Mann nach und nach das Interesse verliert, wenn es nicht so läuft, wie er es sich vorgestellt hat, oder wenn sich herausstellt, dass die Frau außer der schönen Erscheinung nicht viel mehr anzubieten hat (gut, je nachdem, was der Mann vorhat, wird es da vielleicht auch interessant für ihn). Ein Mann wertet die jeweiligen Kriterien nacheinander aus, gestaffelt nach ihrer Wichtigkeit für ihn, und das jeweils nächste Kriterium wird erst relevant, wenn das vorhergehende erfüllt wurde.

Ist für einen Mann beispielsweise die körperliche Attraktivität der möglichen Partnerin das wichtigste Kriterium (und das ist es bei den meisten – auch bei denen, die etwas anderes behaupten), fallen alle Frauen in der Berücksichtigung raus, die nicht seinem Geschmack entsprechen. Ob die jeweilige Frau alle weiteren Kriterien erfüllen könnte, ist irrelevant. Das wird er nie erfahren, denn sie ist nicht im Viertelfinale dabei. Er wählt unter den Frauen, die für ihn optisch interessant sind, die aus, bei der er sich »Chancen ausrechnet«, und prüft danach, ob sie die jeweils nächste wichtige Eigenschaft erfüllt.

In diesem Vergleich gibt es zwei Arten von Männern: Die einen vergleichen das, was sie an der Frau finden, ständig mit dem, was sie glauben, bieten zu können (wobei sich leider gerade die netten und aufrichtigen Männer hier sehr häufig massiv unterschätzen). Die anderen versuchen es ohne Rücksicht auf Verluste immer bei der jeweils attraktivsten Frau und »arbeiten sich nach unten durch«. Mit anderen Worten: Mit steigendem Misserfolg sinken die Ansprüche, und das »Blickfeld erweitert sich«.

So erklärt sich, warum zum Beispiel überdurchschnittlich attraktive, gebildete und kluge Frauen beim Online Dating von Männern angeschrieben werden, die nicht ihr Niveau haben: Die Frau ist auf Partnersuche, und er findet sie schön, ihm kann nicht viel passieren, also versucht er sein Glück.

Gerade beim Online Dating ist dieses Bewertungsschema auch für Männer eine sehr tückische Angelegenheit: Zahlreiche Frauen, die vermutlich perfekte Partnerinnen sein könnten, fallen »aus dem Raster«, weil sie »ehrliche Fotos« benutzen.

Oft höre ich von Männern, dass sie genervt davon sind, dass Frauen bei Online-Dating-Portalen übertrieben bearbeitete oder zum Teil sogar gefakte Fotos einstellen, doch rührt das am Ende lediglich daher, dass die Frauen inzwi-

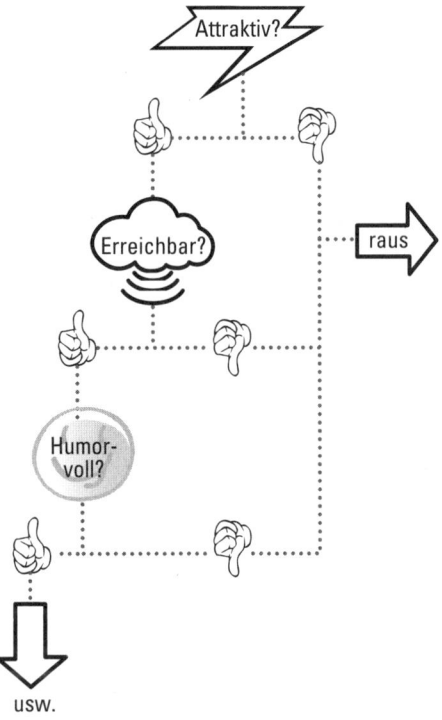

usw.

schen wissen, dass Männer eigentlich genau das sehen wollen bzw. nur darauf reagieren.

Es erklärt sich auch, warum Männer im Alter wählerischer werden: Weil sie es sich leisten können! Aus männlicher Sicht ist Jugendlichkeit ein Faktor für Attraktivität. Frauen hingegen ziehen auch einen älteren Mann mit Falten, aber dafür mit Lebenserfahrung und/oder Vermögen als Partner in Betracht. Es ist also leicht für ihn, wählerisch zu sein. Er kann von allen Frauen, die auf ihn attraktiv wirken, die auswählen, bei denen er sich Chancen ausrechnet. Wenn sich daraus reichlich Auswahl ergibt, warum nicht wählerisch sein?

Wo ist die gute Nachricht für die Frauen?

Hier!, die gute Nachricht Nr. 1: Sieht eine Frau einen Mann, den sie äußerlich sehr attraktiv findet, wird sie durchaus aufmerksam und neugierig – aber im Gegensatz zum Mann ist sie noch nicht so weit, den Mann direkt »erobern« zu wollen. Sie will meist erst mal weitere Informationen sammeln für ihr »Puzzle«. Frauen lassen sich also lieber erst auf einen Kontakt ein, wenn sie genug Informationen gesammelt haben. Männer lassen sich gerne sehr viel schneller ein, einfach um ihre Chance zu nutzen.

Viele Frauen, die beim Flirt zu »zurückhaltend« sind, weil sie noch nicht genug Informationen haben und befürchten, dass sie einen Mann »verletzen« könnten, wenn sie ihm erst eine Chance und dann doch einen Korb geben, können merken, dass der Mann lieber eine Chance hat und dann vielleicht doch nicht »der Richtige« ist, als von vornherein nur misstrauisch beäugt zu werden.

Männer halten eher Ausschau nach Chancen und finden eine Frau daher sehr viel schneller attraktiv als umgekehrt. Sie sind nicht misstrauisch, weil sie es nicht sein müssen. Männer sind daher in aller Regel sehr viel aufgeschlossener für das Kennenlernen und die Kontaktaufnahme, als Frauen glauben. Eine Frau muss also nur sehr wenig Angst vor einem Korb haben, vor allem, wenn der Mann bereits Blickkontakt sucht.

Die gute Nachricht Nr. 2: Ein Mann wird – quasi von Natur aus – zunächst aufmerksam auf die »optisch attraktivste Frau«. Das heißt aber noch lange nicht, dass dies nur die fünfundzwanzigjährige vollbusige Blondine ist, und schon gar nicht, dass diese für ihn ein »Ziel« ist, da für sehr viele Männer auch einiges dagegen spricht, ihr Glück bei der jüngsten, knackigsten und oberflächlich gesehen attraktivsten Frau zu versuchen. Was er in die Waagschale legt, sind:

- die Chancen, die er sich ausrechnet, anhand der Art, wie er sie und sich bewertet
- der »Aufwand«, mit dem er rechnet
- die Möglichkeiten, die die Situation für ihn hergibt
- die Offenheit, die die Frau ausstrahlt
- die Freundlichkeit, die die Frau ausstrahlt

Das heißt auch:

Das Gesicht, das eine Frau *macht,* **kann unter Umständen deutlich entscheidender sein für ihre Attraktivität als das Gesicht, das sie** *hat.*

Es geht also darum, die »Flirtstrategie« von Männern und Frauen zu verstehen und ein bisschen zu verändern.

Bisher begegnen mir bei Frauen in Sachen Flirt und Dating immer wieder zwei Extreme. Entweder sie wirkt wie die

»Prinzessin im Elfenbeinturm«, wahlweise in der ängstlichen oder arroganten Version, aber immer unerreichbar. Oder sie ist »die Unkomplizierte«, wahlweise in der billigen oder der verzweifelten Version, aber in jedem Fall »leicht zu haben« und damit für die meisten Männer ziemlich reizlos.

Viele Frauen sind zunächst misstrauisch, weil sie nicht gerne blöd vollgequatscht, sexuell missbraucht, gelangweilt oder unter Umständen abgelehnt werden wollen (wenn »er« in ihren Augen zu schön für sie ist). Sie wollen bei einem Mann zuerst in Ruhe genug »Puzzleteile« erkennen, damit er interessant für sie wird. In dieser Zeit versuchen sie, sich möglichst nichts anmerken zu lassen, wirken desinteressiert, vielleicht sogar ablehnend. Da hat sich schon so manche Frau im Nachhinein geärgert, weil sie »aus Reflex« einen Korb gegeben hat, obwohl der jeweilige Mann doch eigentlich ganz interessant war.

Die meisten Frauen haben ein weiteres Blickfeld als der Durchschnitt der Männer. Das erlaubt ihnen, auch das ein oder andere sehen zu können, ohne direkt hinschauen zu müssen. Viele Frauen nutzen die Vorzüge ihres erweiterten Blickfeldes und versuchen, Informationen über »ihn« zu sammeln, während er gerade nicht in ihre Richtung schaut.

Das ist eine Art »Sicherheitsmaßnahme«, denn die Ängste von Frauen beim Flirt sind zum Großteil ganz andere als die von Männern: Während Männer am meisten Angst davor haben, abgelehnt zu werden und sich dabei zu blamieren, sind die Ängste von Frauen:

- sich zu blamieren, weil er gar nicht sie angeschaut hat, sondern eine andere (hübschere) Frau hinter ihr
- dass er (zu früh oder überhaupt) bemerkt, dass sie ihn gut findet, und denkt, dass sie »es nötig hätte«

- dass der Mann, den sie auf Entfernung attraktiv fand, sich im Gespräch entpuppt als jemand, der:
    - ihr in Sachen Intelligenz oder Niveau unterlegen und/oder sehr langweilig ist
    - nur an ihrem Körper und schnellem Sex (zu seiner Befriedigung) interessiert ist
    - aufdringlich und grenzüberschreitend ist und schneller mehr will als sie
- dass sie ihn dann nicht mehr wieder loswird und es peinlich und unangenehm wird

Der letzte Punkt ist für die meisten Frauen der schlimmste – und für Männer meist sehr unverständlich, denn die meisten Männer hätten kein Problem damit, einer Frau auch im Gespräch einen Korb zu geben bzw. sich mit einer Ausrede aus der Affäre zu ziehen.

Für Frauen liegt der Fall hier anders: Da sie es gewohnt sind, beliebt sein zu müssen und Kritik nicht offen auszusprechen, tun sie sich sehr schwer damit, einen Mann wieder loszuwerden, wenn er an ihr interessiert ist – vor allem, wenn bereits (durch ein Gespräch) eine Beziehung zueinander aufgebaut wurde. Sie möchten ihm »nicht weh tun«, vor allem aber können sie den Gedanken nicht ertragen, sich bei ihm unbeliebt zu machen.

 **Die meisten Frauen sind nicht sehr gut darin, klar »nein!« zu sagen bzw. zu sagen, was sie wirklich denken – das betrifft auch den Bereich des Flirts.**

Eine Frau wird also immer versuchen, sich irgendwie aus der Affäre zu ziehen, ohne sich unbeliebt zu machen, ohne klar zu sagen, was sie denkt, denn sie möchte ihn nicht verletzen.

Also versucht sie es »auf weibliche Art«: Sie wird einsilbig, hört auf, ihn zu bestätigen, zeigt kein Interesse mehr. Für die Mehrzahl der Männer allerdings, die – einmal in Fahrt und das Ziel vor Augen – kaum noch aufzuhalten sind, ist dies eine indirekte Aufforderung, noch mehr Gas zu geben. Er denkt sich: »Mh, sie ist nicht so beeindruckt, wie ich es mir erhofft hatte, da muss ich mir wohl noch ein bisschen mehr Mühe geben!« Und dann gibt er sich mehr Mühe! Der Alptraum einer jeden Frau.

Da Männer sich schneller (und anhand von weniger Kriterien) dafür entscheiden, ihr Glück bei einer Frau zu versuchen, ist der größte Faktor für Erfolg oder Misserfolg im Flirt also zunächst eine Frage des Timings:

- Deutet er ihren Gesichtsausdruck beim Blickkontakt als »endgültige Bewertung« seiner selbst, bewertet er die Frau vermutlich versehentlich als desinteressiert und «sortiert« sie vorzeitig aus.
- Findet er sie attraktiv, geht aber zu schnell (oder mit zu viel Druck oder zu unsicher) auf sie zu, hat sie vielleicht noch nicht genug »Puzzleteilchen« zusammen, um sich auf ein Gespräch einzulassen, und gibt ihm einen »Sicherheitskorb«: Sie sagt lieber nein, solange noch keine Beziehung aufgebaut wurde, aus Angst, ihn später vielleicht nicht mehr loszuwerden – oder aus Angst, dass sie, wenn sie zu schnell oder zu einfach ja sagt, billig wirkt oder ihm etwas in Aussicht stellt, wozu sie (noch) nicht bereit ist.

Die Wahrheit ist: Männer nehmen Frauen zunächst als »Gelegenheiten« wahr. Sie scannen, welche Frauen ihre ersten Bedingungen erfüllen, checken dann nach ihrem K.-o.-System weiter und suchen nach der Frau, die ausreichend attraktiv und aufgeschlossen ist. Dann versuchen sie, sie kennenzulernen und den Rest ihrer »Anforderungen« zu sondieren.

Männer sind einfach schneller begeistert von einer Frau, weil sie kein »Puzzle« anlegen: Sie sehen eine Frau, finden sie attraktiv und legen los. Als Frau denkt man dann oft, der will nur baggern oder kann das »gar nicht ernst meinen«. Tut er irgendwie schon – aber eben nach einem anderen »System«. Er hat kaum Gründe für Misstrauen: Er läuft nicht Gefahr, für »billig« gehalten zu werden, wenn er »leicht zu haben« ist. Er ist nicht groß geworden mit der Angst, vom anderen Geschlecht vergewaltigt und benutzt zu werden. Seine größte Angst ist die Ablehnung.

Genau das ist der Grund, warum manche Männer sich eben auch nicht trauen: weil sie die Zeichen nicht erkennen können, wenn wir Frauen mit unserem Puzzle so weit sind und ihn dann tatsächlich gerne kennenlernen würden. Er sucht nach einem »deutlichen Signal«, das ihm zeigt, dass er nicht abgelehnt wird. Und oft genug findet er keins, weil wir auf »hard to get« machen wollen, um nicht billig zu wirken.

Die Wahrheit ist: Wenn eine Frau »nein« sagt, dann heißt das nicht immer zwangsläufig, sie hat es sich gut überlegt und das »Nein« ist eine Entscheidung gegen den jeweiligen Mann. Das »Nein« heißt sehr viel öfter: »Ich habe noch nicht genug Informationen gesammelt.« Es ist also manchmal mehr ein »Nein« aus Unsicherheit und Misstrauen als aus Desinteresse.

In dem Moment, in dem sich eine Frau »jetzt« für einen Mann entscheiden soll, baut das Druck auf, und das Fünkchen Interesse, das sie bereits hatte, wird von diesem Druck ausgepustet. Die am meisten erfolgversprechende Strategie bei einem Flirt mit einer Frau ist daher meist die »Salamitaktik«. Ein kurzer Kontakt und danach ein bisschen Abstand zum Beobachten wirkt meist deutlich besser. Nicht gleich mit der Tür ins Haus fallen (und wenn schon, dann nicht drin liegen bleiben), sondern ihr Gelegenheit geben, zu beobachten und ihre Neugier zu steigern, so dass sie stärker als ihr Misstrauen wird.

Die Wahrheit ist auch, dass wir Frauen leider immer noch nach völlig überholten, völlig veralteten Rollenbildern handeln: Wenn wir einen Mann interessant finden, warum um alles in der Welt soll dieser das dann nicht merken dürfen? Frauen haben immer noch die unbewusste Rolle, dass sie sich offenbar »schicklich« benehmen müssen.

Warum eigentlich? Sollte das nicht eigentlich eine Errungenschaft der Emanzipation sein? Dass wir uns nicht mehr dafür zu schämen brauchen, wenn wir einen Mann sexy finden? Wenn wir Interesse an Lust und Erotik haben?

Dasselbe Spiel, andere Ziele

Flirten ist ein Spiel – da stimmen die meisten zu. Es gibt aber einen kleinen, wichtigen Unterschied zwischen der Spielauffassung von Männern und Frauen:

- Frauen lieben Spiele, in denen es darum geht, ihre soziale Kompetenz zu erweitern (oder zu zeigen), um »zusammen zu sein«, etwas miteinander zu tun und sich besser kennenzulernen.
- Männer lieben Spiele, bei denen man gewinnen kann.

Männer und Frauen benutzen zwar dasselbe Wort, verstehen darunter aber meistens etwas anderes.

Wenn Frauen also von Flirten als Spiel reden, dann meinen sie: Lass uns mal sehen, was draus wird. Lass mich dich kennenlernen. Lass uns schauen, wie wir uns miteinander fühlen. Lass uns sehen, wo es hinführt. Vielleicht wird's was, vielleicht auch nicht. Sie möchte sich gerne nach und nach vortasten, Informationen sammeln und die Möglichkeit haben, sich bei Bedarf auch wieder zurückzuziehen.

Ein Mann sammelt nicht wie sie Puzzleteilchen. Er findet sie attraktiv und versucht sein Glück. Geht sie auf ihn ein, gewinnt er – tut sie es nicht, verliert er. Er ist nicht völlig am Boden zerstört, wenn nichts aus ihnen wird. Er kann damit durchaus leben – schließlich kann man nicht immer gewinnen. Er will es nur wissen, denn er verschwendet seine Energie nicht gerne ohne Aussicht auf Erfolg. Ist er bei einem Korb beleidigt, dann ist das eher verletzter Stolz. Es zeigt quasi nur, dass er »ein schlechter Verlierer« ist.

Das erklärt auch, warum mancher Mann ganz furchtbar enttäuscht oder sogar ziemlich sauer reagiert, wenn die Frau das Spiel an irgendeiner Stelle beenden möchte, wenn sie »genug Informationen« gesammelt hat und nicht mehr weiterspielen will. Der Mann, der sein Ziel nicht erreicht hat, fühlt sich abgewiesen oder getäuscht und in seiner Ehre gekränkt – oder: Er gibt sich »noch mehr Mühe« …

Was also tun?

Frauen könnten sehr viel mehr Erfolg im Flirt haben, wenn sie nicht so lange so misstrauisch wären. Männer können durchaus mit einem Nein umgehen – und der Mann, der dann im »Ego« gekränkt ist, der hat es auch nicht besser verdient.

 **Männer gehen sehr viel leichter auf eine Frau zu, wenn sie wenigstens ansatzweise interessiert wirkt.**

Wenn eine Frau also etwas über einen Mann herausfinden möchte, dann wäre es ganz gut, wenn sie sich darauf einlässt, schneller ein bisschen offen und freundlich zu wirken. Denn was die meisten Frauen nicht wissen: Viele Männer behaupten zwar, dass sie sehr aufgeschlossen dafür wären, wenn die Frauen auch mal den ersten Schritt machen würden. Sie nehmen aber nicht wahr, dass das ohnehin immer so ist – nämlich durch das Signalisieren von Interesse am jeweiligen Mann durch die Frau.

 Je unsicherer (oder fauler) ein Mann ist, desto mehr Aktivität wünscht er sich von der Frau im Flirt.

Jede Frau kann jetzt für sich selbst entscheiden, wie viel Aktivität sie dementsprechend einsetzen will … auf die Gefahr hin, sich einen Mann zu »erflirten«, der voraussichtlich niemals in ihrer Beziehung in irgendetwas den ersten Schritt machen wird, oder einen Mann, der Übung darin hat, prinzipiell auch ohne die Aktivität bzw. das Interesse einer Frau auf sie zuzugehen.

Viele Frauen bemerken auch, dass Männer zwar aufgeschlossen und freundlich reagieren, wenn man ihnen »den Weg abnimmt« und auf sie zugeht, tatsächlich kommt es den meisten jedoch eher irgendwie komisch oder suspekt vor, und sie finden die Frau häufig zwar sympathisch, aber irgendwie nicht attraktiv. Sie erinnern sich noch an das Bild mit dem Jäger und dem Geweih?

Wenn sich eine Frau jedoch wünscht, dass ein Mann auf sie zugeht – was aller Erfahrung nach ein sehr vernünftiger und vielversprechender Anfang ist, dann ist es ihre Aufgabe, ihn dazu zu ermutigen!

Kaum ein normaler, netter Mann würde freiwillig auf eine Frau zugehen, ohne dass sie ihm auch nur einen Funken Interesse gezeigt hat. Und da kommen wir zur nächsten Möglichkeit der Verbesserung: Die meisten Frauen haben ein sehr viel sensibleres Empfinden für die Sichtbarkeit ihrer »Signale«, als die Männer es haben. Sprich: Während wir Frauen oft denken, dass wir uns schon fast peinlich auffällig verhalten und starren, hat er meist gerade mal bemerkt, dass sie eventuell ein, zwei Mal kurz rübergeschaut hat. Und während sie schon fast vor Scham im Erdboden versinkt ob ihres »aufdringlichen Verhaltens«, überlegt er noch, ob sie eventuell interessiert sein könnte oder wie das gerade gemeint ist, denn er will sich ja nicht blamieren.

Die Blickkontakt-Übung ist einer meiner Lieblingsparts in jedem Flirttraining.

Männer und Frauen stehen sich an zwei Enden eines Raumes gegenüber. Jede der Frauen soll sich irgendeinen Mann aussuchen und ihm per Blickkontakt vermitteln, dass er gemeint ist. Die Männer sollen das erkennen, und wenn sie der Meinung sind, »Ja, ich bin gemeint«, sollen sie auf die jeweilige Frau zugehen.

Das dauert ewig!

Zumindest aus Frauensicht.

Wenn ich nach ein paar Minuten frage, dann sind die Männer meist einhellig der Meinung, dass die Frauen zwar länger geschaut hätten, als sie das aus »freier Wildbahn« kennen, aber dennoch ziemlich kurz – und dass sie (im Gegensatz zu sonst) wirklich »extrem schnell« reagiert hätten.

Auf der Frauenseite gibt es dann eigentlich immer eine Mischung aus Fassungslosigkeit und Gelächter, denn die

Frauen sagen dazu, dass sie eigentlich niemals so lange und auffällig einen Mann anstarren würden!

Mit anderen Worten: Frauen, ihr müsst länger schauen! Männer, wenn sie kurz schaut, macht sie das nicht ohne Grund, behaltet die Frau im Auge! Wenn sie drei Mal geschaut hat, dann kann es nicht Zufall gewesen sein, dann hat sie grundsätzlich Interesse.

Und was dann?

Die meisten Männer fragen sich dann, wie gesagt: »Meint die mich?«

Finden Sie den Fehler in dieser Aussage! Es ist ganz einfach. Wenn ein Mann sich fragt, ob sie ihn meint, fragt er die falsche Person. Er muss nicht *sich* fragen, sondern die Person, die es weiß.

Doch wer geht schon auf eine Frau zu und fragt: »Hey, hast du gerade mich gemeint?« Was, wenn sie nein sagt und er sich blamiert?

Genau – das Männerproblem!

Glücklicherweise ist es nicht notwendig, das zu tun – denn es gibt die wunderbaren Möglichkeiten der »nonverbalen Kommunikation«, die von fast allen Frauen exzellent beherrscht werden: Ergibt sich ein weiterer Blickkontakt, dann kann jeder Mann ganz einfach in Gedanken die Frage stellen: »Hey, meinst du mich?«, und den Gesichtsausdruck zulassen, den dieser Gedanke auslöst … und fast immer wird er darauf eine Antwort erhalten: ein Lächeln, ein Nicken, ein verlegenes Grinsen oder eine Finger-im-Hals-Grimasse, was auch ziemlich eindeutig ist, oder nicht?

Ich wundere mich immer wieder darüber, wie viele Männer auf eine so einfache Sache nicht kommen. Sie zermartern sich angestrengt das Hirn darüber, was sie sagen könnten, um die Frau anzusprechen, und machen währenddessen ein so wenig attraktives, weil angestrengtes Gesicht, dass, selbst wenn ihnen etwas einfällt, das meist nicht besonders funktioniert, weil der Gesichtsausdruck so wenig einladend für die Frau war, dass sie – bis er sich endlich traut – schon keine Lust mehr hat … dabei könnte es so einfach sein, wenn man sich vorab einfach schon mal ohne Worte verständigt.

Das gilt natürlich ebenso für die Frauen: Das »Oje, er hat gesehen, dass ich gucke, wie peinlich …«-Gesicht ist für die meisten Männer nicht wirklich als »Flirtsignal« entschlüsselbar. Wir Frauen sind manchmal wirklich kompliziert – nein, wir machen es uns wirklich kompliziert.

Wir wollen einen netten Kerl kennenlernen – und dann steht da ein netter Kerl, und anstatt zu denken: »Hey, netter Kerl!, na?!, willst du vielleicht näher kommen, damit ich dich kennenlernen kann?!«, denken wir: »Oh! … ein netter Kerl?! Na, der hat bestimmt 'ne Freundin! Oh nein, jetzt hat er gesehen, dass ich ihn anschaue! Oh, ist das peinlich …! Der denkt jetzt bestimmt, dass ich es voll nötig habe. Hoffentlich hat er das nicht bemerkt. Besser tu ich so, als ob ich ihn total doof finde! Mh, jetzt schaut er gar nicht mehr. Also hat er tatsächlich 'ne Freundin! Aber wenn er eine hat, wieso hat er dann überhaupt erst hergeschaut?! So ein Idiot. Nein, so einen Blödmann würde ich sowieso nicht kennenlernen wollen!«

Und spätestens mit dem passenden Gesichtsausdruck zu dieser Gedankenabfolge schlagen wir jeden netten Kerl zuverlässig in die Flucht. Und dann wundern wir uns, dass wir immer nur Idioten kennenlernen. Ja, seltsam, oder?

Was ist schon dabei, wenn er merkt, dass wir ihn gut finden? Was könnte denn Schlimmes passieren? Selbst wenn er vergeben oder ein Idiot ist: Männer mögen es, von Frauen gut gefunden zu werden. Die meisten Männer müssen so viel

Mut sammeln, um eine Frau anzusprechen, dass nichts Dramatisches passiert, nur weil er mitkriegt, dass sie schaut.

Und da Männer grundsätzlich Frauen gegenüber aufgeschlossener sind als andersherum, könnten doch auch ruhig wir Frauen endlich mal lernen, einen Mann anzusprechen, der uns gefällt. Es ist erlaubt – und angeblich auch erwünscht –, dass Frauen endlich den Mund aufmachen und die Männer ansprechen.

Und wieder wird es kompliziert. Denn meistens wünschen sich Männer, Frauen wären ruhig ein bisschen weniger subtil. Während Frauen sich wünschen, Männer wären durchaus ein bisschen subtiler und nicht so direkt. Erfüllen sie einander diese Wünsche, geht meistens jedoch gar nichts mehr: »Die war mir irgendwie zu aufdringlich!«, sagen Männer über die direkte Frau, die sagt, was sie will, und deutlich zeigt, dass sie »ihn« gut findet. »Ich glaub, der hat kein Interesse«, sagen Frauen über die Männer, die erst mal zurückhaltend sind und nicht sofort mit der Tür ins Haus fallen.

Aber jetzt mal ehrlich: Da steht dieser nette Typ – und wir Frauen trauen uns mal und schauen auffällig genug hin. Und er? ... starrt und überlegt und starrt und überlegt, und irgendwann fasst er sich ein Herz, kommt rüber und sagt diese wunderbaren, geistreichen, poetischen Dinge wie zum Beispiel: »Na, bist du öfter hier?«, oder: »Weißt du zufällig, wie spät es ist?«

Ernsthaft? Du hast jetzt 35 Minuten Anlauf genommen, und das ist dabei rausgekommen?

Liebe Frauen, auch wenn es mal wieder gnadenlos sexistisch ist, was ich jetzt sage, es muss sein: Bitte, haben Sie Erbarmen mit den Männern! In meinen Kursen sind unglaublich viele überdurchschnittlich gebildete und intelligente Männer, und alle haben dasselbe Problem: Jedes Mal, wenn sie eine Frau toll finden, lässt ihr Intellekt sie komplett im Stich. (Deshalb trauen sich so viele von ihnen schon gar nicht, überhaupt eine Frau anzusprechen.)

Vielen Männern ist durchaus bewusst, dass ihre erste Ansprache häufig totaler Mist ist, und sie haben unglaubliche Angst vor dem Urteil der Frauen darüber.

Manchmal so große Angst, dass sie es eben gleich lassen (um sich nicht zu blamieren). Wenn Sie eine Frau sind, tun Sie sich also doch bitte selbst einen Gefallen, und erwarten Sie nicht, dass ein Mann, der Sie anspricht, direkt einen Oscar-verdächtigen Auftritt hinlegt ...

Die Szenen aus den Filmen, die wir so lieben, wo »er« ganz souverän und locker auf »sie« zugeht, die sind nur deshalb so beeindruckend tiefsinnig oder humorvoll, weil ein Drehbuchautor vorher tagelang (!) darüber nachdenken konnte und der jeweilige Schauspieler seinen Auftritt ungefähr 30 Mal wiederholt, bis er so spontan locker ist, wie es dann im Film aussieht. Die Chance hat ein normaler Mann im täglichen Leben leider nie – also muss er nehmen, was er gerade hat ... und das ist leider meist nicht viel.

Doch auch hier gibt es eine gute Nachricht. Tatsächlich ist das »Was« nicht so entscheidend wie das »Wie«: Man weiß inzwischen, dass vor allem zwei Dinge wichtig sind, wenn wir das erste Mal einem Fremden gegenüberstehen. Es ist vor allem die Einschätzung, ob das Gegenüber optisch auf uns vertrauenswürdig und sympathisch oder aber aggressiv und hinterhältig wirkt.[1]

Macht man sich also weniger Gedanken um das »Was« und geht mit einer freundlichen, offenen und mutigen Grundeinstellung aufeinander zu, vermittelt das Vertrauenswürdigkeit, und das ist deutlich mehr wert als ein ausgeklügelter Spruch.

Und keine Frau muss wie Dornröschen darauf warten, vom Prinzen wach geküsst zu werden.

Es gibt eine Menge Möglichkeiten, mit Männern in Kontakt zu treten, ohne aufdringlich oder dominant zu wirken. Wir müssen nur ein bisschen in die Trickkiste greifen: Geben wir »ihm« also Gelegenheiten. Bitten Sie um Hilfe oder um eine Empfehlung, machen Sie kurze Bemerkungen im Vorbeigehen, zeigen Sie nonverbale Signale von Offenheit, Kontaktfreudigkeit oder wenigstens Freundlichkeit. Sorgen Sie für Zufälle … Wie heißt es so schön? Der Köder muss dem Fisch schmecken – nicht dem Angler.

Ja, ich weiß, das klingt nach einer Binsenweisheit oder einem Ratschlag (mindestens) aus dem vorigen Jahrhundert und alles andere als zeitgemäß – aber die Wahrheit ist:

Frauen mögen das Gefühl, wählen zu können – Männer mögen das Gefühl, erobert zu haben.

Es ist für das Entstehen von Anziehung fast immer notwendig, dass der Mann das Gefühl hat, die jeweilige Frau »erobert« zu haben. Frauen sollten also den Mann, den sie gewählt haben, dazu bringen, dass er das will bzw. dass er das Gefühl hat, erobern zu können.

Natürlich gibt es auch zahlreiche Ausnahmen:

- Viele junge, unerfahrene Männer schätzen die Souveränität, Erfahrenheit und Entspanntheit älterer Frauen, vor allem wenn diese entweder a) mit ihrer Art gleichzeitig eine liebevolle Mutter ersetzen oder b) wohlhabend und großzügig sind (siehe z. B. Madonna und ihre »toyboys«).

- Unsichere Golden-Retriever-Männer, die zur Unterwürfigkeit neigen und eher wenig Eigeninitiative besitzen, mögen es, von einer Frau an die Hand genommen zu werden, die weiß, was sie will.
- Menschen mit verhältnismäßig hohem Intellekt und einer gewissen Lebenserfahrung können sich auf geistiger Ebene begegnen und sich aus »vernünftigen Gründen« für eine Beziehung entscheiden, ohne dass die Gefühle von Anfang an Samba tanzen müssen.
- Menschen, die sich schon sehr lange kennen, können irgendwann merken, dass sie aufgrund vieler Gemeinsamkeiten, ähnlicher Werte und großer Sympathie füreinander ein perfektes Paar ergeben.
- Freunde und Bekannte können sehr hilfreich dabei sein, einen passenden Partner zu finden. Wenn man bereits vor einer Begegnung mit entsprechenden Informationen »versorgt« wurde, wirken diese sich in der Regel positiv auf die gegenseitige Einschätzung und damit auf Sympathie und Anziehung aus.

Dennoch kann es nicht schaden, zu wissen, wie unsere Instinkte funktionieren und worauf wir – immer noch – anspringen.

Die beiden Menschen in der Bar finden sich heute nicht mehr. Schade. Vielleicht nächstes Mal.

Die Wahrheit
über das Verlieben

Am Nachbartisch, nicht weit entfernt von meinem, haben zwei Menschen ein erstes Date. Ich sehe es sofort. Nicht weil sie so verliebt wirken oder so angespannt. Nein, ich sehe es sofort, weil sie beide so betont souverän sind. Er macht ausladende Gesten und spricht mit betont tiefer Stimme, sie lacht höflich (und ein bisschen künstlich) dazu und tut so, als sei sie klug und irgendwie ganz anders als die anderen. Die beiden werden sich nicht wiedersehen. Ich weiß es jetzt schon.

Vielleicht haben sie sich über Tinder »gewischt« und versuchen jetzt, ihre Projektionen irgendwie im anderen bestätigt zu bekommen. Er hat offenbar die Projektion, dass da direkt heute Abend noch was geht. Ich kann kaum hinsehen …

Sie täuscht ein unverfängliches Gespräch vor, und eigentlich will sie nur wissen, ob er »Partnermaterial« ist – aber sie stellt auch wirklich saublöde Fragen:

- Wo hast du denn studiert?
- Seit wann bist du in Hamburg?
- Und gefällt's dir jetzt in deinem neuen Job?
- Was machst du in deiner Freizeit?
- Bist du eher ein Hunde- oder ein Katzen-Mensch?

Na ja, sagen wir mal, sie gibt sich Mühe. Er allerdings gibt sich auch Mühe. Er bemüht sich, das Gespräch in eine Richtung zu lenken, die irgendwie dazu führen soll, dass sie auf die Idee kommt, dass es viel schöner wäre, wenn sie woanders wären und keine Klamotten anhätten.

Zunächst versucht er es mit Komplimenten:

- »Wow, du siehst wirklich so gut aus wie auf den Fotos!«
- »Ich mag deine Ohrringe, sie passen gut zu deinen Augen!« (Die Ohrringe sind rot ...)
- »Ich mag es, wenn Frauen wissen, was sie wollen.« (Nachdem sie eine Cola bestellt hat.)

Dann versucht er, sie zu beeindrucken:

- Er sagt ihr nicht nur, wo er studiert hat, sondern auch wie, wie lange und wie gut.
- Er sagt ihr nicht nur, seit wann er in Hamburg lebt, sondern auch, wie groß seine Wohnung ist und was der Umzug gekostet hat, den aber sein neuer Arbeitgeber finanziert hat.
- Er sagt ihr nicht nur, ob es ihm gefällt in seinem Job, sondern auch, gegen wie viele Bewerber er sich durchgesetzt hat.

Sie findet das alles gut – sagt sie. Vielleicht, weil sie mal gelesen hat, dass Männer es mögen, wenn man sie gut findet. Oder weil er dabei wenigstens keine weiteren Komplimente macht, bei denen sie nicht weiß, wie sie darauf reagieren soll.

Aber so richtig finden die beiden keinen Draht zueinander, also versucht er, sie aus der Reserve zu locken.

Er hat wohl irgendwo mal gelesen, dass man Frauen necken muss, damit sie einen interessant finden. Vielleicht erklärt das auch das Kompliment mit den Ohrringen, und sie (und ich) haben nur den Witz nicht verstanden. Also legt er eine Schippe drauf. Als sie erzählt, dass sie Grafikdesign studiert hat, sagt er gönnerhaft, dass man dabei ja wohl nicht von einem »Studium« sprechen könne, aber Malen ja ohnehin so ein Frauending sei. Ihr fällt die Kinnlade runter – jetzt weiß sie erst recht nicht, was sie sagen soll. (Ich auch nicht!)

Ich glaube, der Abend ist gelaufen.

Blind Dates dieser Art sind für viele Menschen der absolute Horror. Kein Wunder! Es ist eine wirklich komische und eigentlich auch völlig unnatürliche Situation.

Wenn zwei Menschen sich über ein Dating-Portal kennenlernen und dann zum ersten Mal treffen, gleicht das Treffen meist eher einem Vorstellungsgespräch als einem romantischen Rendezvous.

Beide wissen genau, warum sie da sind, und versuchen, sich gegenseitig von ihren Vorzügen zu überzeugen und einen möglichst guten Eindruck auf den anderen zu machen. Dabei geht es doch um eines der schönsten Dinge der Welt: Man möchte sich verlieben. Wir treffen uns nicht, um einen »Job« zu bekommen – wir treffen uns mit anderen Menschen, um den zu finden, der uns »Schmetterlinge in den Bauch zaubert«, der etwas in uns aufweckt, das schlummert und nur darauf wartet, endlich zu erwachen.

Wir Frauen träumen heimlich doch immer noch vom »Traumprinzen« – von irgendetwas »Besonderem«, nicht nur einem langweiligen Date und ein paar Floskeln.

Doch in einer Welt, in der man so wenig Zeit hat für die Liebe und so viel falsch machen kann, ist auch das Verlieben gar nicht so einfach.

Unter Männern gibt es für das erste Gespräch mit Frauen zwei sehr verbreitete Strategien. Die eine ist, zu versuchen, »bloß nichts falsch zu machen«. Sie soll nach Möglichkeit nicht merken, dass man sexuelles Interesse an ihr hat. Man möchte möglichst nicht anecken, nett und freundlich wirken, nichts Falsches sagen. Eine schlechte Idee, denn das wirkt meist unterwürfig, es kommt kein echtes Gespräch in Gang, der Mann wirkt asexuell und wenig attraktiv. Wenn das überhaupt irgendwohin führt, dann meistens direkt in die »Friendzone«.

Oder Möglichkeit Nummer zwei. Irgendwie versuchen, die jeweilige Frau zu beeindrucken. Das bereits erwähnte Statusdenken und -verhalten im Gespräch zum Ausdruck bringen. Schlechte Idee, das wirkt meist angeberisch und als ob er gar nicht an ihr interessiert ist, sondern sich einfach selber gerne reden hört.

Mit anderen Worten: Das, was für einen Mann beim Flirt oder Date von Natur aus logisch und machbar erscheint, ist offenbar in den meisten Fällen wenig erfolgversprechend.

Kein Wunder also, dass ich von vielen Männern immer wieder höre, dass sie nicht wissen, worüber sie (mit Frauen) reden sollen, und dass sich so viele Gespräche beim ersten Date versehentlich in den ungünstigen Kategorien »Job«, »Weltgeschehen« oder »Ex-Beziehungen« verlieren. Denn auch die Frauen machen es ja nicht besser. Unbeholfen sitzen sie da, lassen sich von einem Mann langweilen und beschweren sich hinterher, dass er sich gar nicht für sie interessiert hätte, anstatt selbst die Initiative zu ergreifen und ihm eine faire Chance zu geben.

 **Treffen sich zwei Menschen unter den Vorzeichen einer möglichen Beziehung, sind sie meist ein wenig nervös, möchten aber gerne auf das Gegenüber souverän wirken.**

Da kann es leicht passieren, dass man sich unbeabsichtigt an einem Thema »festbeißt«, in dem man sich gut auskennt und »zu Hause« fühlt. Und hier ist für viele der Beruf ein vermeintlich sicheres Terrain. Nur eben leider auch ein sehr ungünstiges – denn schnell verliert man sich im langweiligen Wie und Was der Berufswahl oder des Joballtags.

Oder man wird durch die Möglichkeit zur Beziehung an vergangene Beziehungen erinnert, und bevor man sich's versieht, spricht man über die Macken des Ex-Partners und das Wie und Warum des Endes der letzten Beziehung – auch nicht sehr erfolgversprechend.

Genauso dämlich ist alles, was gerade nach dem Motto »Weltgeschehen« los ist: Religion, Politik, Finanzen und Ähnliches. Natürlich kann man darüber herausfinden, wie das Gegenüber so drauf ist, aber kann man sich so auch verlieben? Meinungsthemen zu Beginn eines Kennenlernens sind ein echter Liebeskiller. Natürlich kann man in einer Beziehung unterschiedlicher Meinung sein, aber dafür muss man erst mal eine Beziehung haben!

Das Blödsinnreden beim Date ist demnach ein Phänomen, von dem Männer wie Frauen gleichermaßen betroffen sind. Doch worüber und wie kann man miteinander reden, ohne einen schlechten Eindruck zu erwecken oder sich zu langweilen? Manche Menschen versuchen beim ersten Treffen herauszufinden, ob das jeweilige Gegenüber die Voraussetzungen für eine erfolgreiche – sprich dauerhafte, ansatzweise harmonische – Beziehung mitbringt. Das ist gar keine schlechte Idee, doch wie funktioniert das in der Praxis?

 **Die erste Voraussetzung für eine Partnerschaft mit Zukunft ist die Übereinstimmung in der Definition des Begriffs »Beziehung« bzw. »Partnerschaft«.**

Und da wird es quasi schon kompliziert. Auch wenn es für eine mögliche Partnerschaft am wichtigsten ist, zu erfahren, wie das Gegenüber dazu steht, ist das nicht gerade ein geeignetes Thema, um es beim ersten Aufeinandertreffen zu diskutieren. Wenn man sich gerade kennenlernt, kann es ziemlich beängstigend sein, wenn der andere direkt nachfragt, ob man Kinder möchte und wie viele, wie man es mit der Treue hält, ob man heiraten möchte oder wie wichtig Sex ist und in welcher Form. Und dennoch probieren das manche Menschen immer wieder.

 Die zweite Voraussetzung für eine gute Partnerschaft ist eine grundsätzliche Einigkeit in den Werten.

Was ist in der Ansicht beider Partner wichtig im Leben, welche religiösen und politischen Überzeugungen verfolgen sie, bzw. welche Rolle spielt so etwas in ihrem Leben? Wie möchten sie leben, und was ist ihnen wichtig? Auch hier verbergen sich jede Menge wichtige Informationen, die für das Gelingen einer Beziehung essenziell sind, aber gleichzeitig steckt in diesen Themen jede Menge Zündstoff, und sie könnten zu dem totalen Misslingen eines Flirts oder ersten Dates führen.

 **Die beiden Voraussetzungen, die man am allerliebsten geklärt wissen will und auch wissen sollte, sind genau die, die beim Kennenlernen eigentlich total tabu sind, weil sie zwar effizient, aber absolut unromantisch und unsexy sind.**

Es ist also wieder mal kompliziert!

Wir haben so sehr Angst, die Kontrolle zu verlieren, dass wir alles tun würden, um das zu verhindern. Wir verstecken uns hinter Fassaden aus Souveränität und Arroganz, aus Ablehnung und Misstrauen, aus vorgetäuschter Unabhängigkeit, Titeln auf Visitenkarten und Modeaccessoires. Und dann wundern wir uns, dass wir keine Verbindung zu unserem Gegenüber bekommen.

 **Die beiden größten Probleme beim Verlieben sind der Wunsch nach »Effizienz« und das Bedürfnis, souverän wirken zu wollen. Liebe und Verlieben sind alles andere als effizient, und wer dabei ist, sich zu verlieben, ist in der Regel absolut nicht souverän.**

Im Gegenteil! Und genau darum geht es doch!

Doch Kontrolle, Effizienz und Souveränität, diese Dinge sind in unserem täglichen Leben – oder zumindest in unserem beruflichen Leben – allgegenwärtig und sehr wichtig. Leistung zählt, das bekommen die meisten von uns schon ab dem Kindergartenalter eingetrichtert. Und so versuchen wir die Prinzipien, die uns bisher im Leben begleitet haben, automatisch und völlig gedankenlos auch auf den Bereich der Liebe und Partnerschaft zu übertragen. Nach dem Motto:

 Regel # 1:
Du musst gut genug sein – also musst du dich anstrengen!
Regel # 2:
Du darfst keine Fehler machen – also sei perfekt!
Regel # 3:
Wenn du nicht weiterweißt, darf der andere das auf keinen Fall merken – sei souverän!

Regel # 4:

Du musst beeindrucken – also streng dich an, sei perfekt, souverän und besser!

Doch leider funktioniert Verlieben nicht nach diesen Regeln – und genau das ist das Besondere daran. Wir können uns Aufmerksamkeit, Respekt und auch Wertschätzung verdienen – aber nicht Liebe. Wir können für Leistung, Souveränität und Wissen zwar bewundert werden, aber nicht zwangsläufig geliebt. Wir können nach Perfektion streben, aber sie wird uns keinen Partner schenken. Häufig sogar ganz im Gegenteil: Menschen, die permanent nach Perfektion streben, vermitteln einem (potenziellen) Partner oft unbewusst das Gefühl, nicht gut genug zu sein und nie gut genug sein zu können, und erreichen dadurch in ihren Beziehungen keine emotionale Nähe zu einem anderen Menschen.

Emotionale Nähe, das ist im Grunde das Zauberwort, denn sprechen wir von einer möglichen Partnerschaft, dann geht es um die Suche nach jemandem, der uns liebt, wie wir sind, bei dem wir so sein können, wie wir wirklich sind. Wie verrückt und paradox ist es in diesem Zusammenhang, dass wir glauben, uns mindestens zu Beginn verstellen zu müssen?!

Viele Menschen (beiderlei Geschlechts) arbeiten richtig hart daran, möglichst vielen gefallen zu können – aber warum? Es geht schließlich nicht darum, jedem zu gefallen. Den meisten Menschen reicht ja (zumindest vorübergehend) ein Partner.

Die Wahrheit ist, dass wir alle nur schlecht mit Ablehnung umgehen können und noch schlechter mit Kontrollverlust. Die meisten Menschen in meinen Seminaren haben – so unterschiedlich ihre Beweggründe für die Teilnahme am Kurs und die einzelnen »Symptome« auch sein mögen – alle ein Grundproblem gemeinsam: Kontrollzwang.

Sie kommen nicht damit klar, dass sie in einem Flirt nichts anderes in die Waagschale werfen können als sich selbst, völlig egal, welche Erfolge sie möglicherweise bisher in ihrem Leben errungen haben. Sie zeigen einem anderen Menschen Sympathie und Interesse und haben das Gefühl, keinen Einfluss auf den weiteren Verlauf dieser Begegnung zu haben – sie können nicht kontrollieren, wie der andere auf sie reagiert oder was als Nächstes passiert. Und das ist es, was den meisten Menschen tatsächlich eine ziemliche Angst macht.

 Eigentlich wünschen wir uns, bestimmen zu können, was andere über uns denken.

Gerade wir Frauen sind darin ganz besonders gut: Wenn wir ganz ehrlich sind, dann wünschen sich die meisten von uns, dass jeder Mann, mit dem wir in unserem Leben Kontakt hatten, sehnsüchtig an uns zurückdenkt: Jeder Mann, der uns anflirtet, soll akzeptieren, wenn er nicht unser Typ ist, und fernbleiben – aber es wäre dennoch absolut klasse, wenn er weiterhin gut über uns denkt und uns toll findet – nur aus der Ferne halt. Auch jeder unserer Ex-Freunde, selbst die, die wir verlassen haben: Sie sollen nie wieder eine Bessere finden und am besten auch der neuen Frau, den zukünftigen Kindern und Enkeln noch erzählen, was an uns so toll war …

Aber auch die Männer stehen da nicht weit hinten an: Wenn das Flirtspiel ein Spiel ist, das gewonnen werden kann, dann bedeutet eine Ablehnung für viele, der Verlierer zu sein. Und wer verliert schon gerne?

Viele sprechen auch davon, dass sie schon so viel »investiert« hätten in die Beziehung oder überhaupt in die Anbahnung von Beziehungen. Das klingt wie bei einem Börsengeschäft – man investiert und erwartet Rendite. Natürlich ist die Enttäuschung dann groß, wenn die Ausschüttung der Dividenden sich verzögert.

Wir würden uns alle einen sehr großen Gefallen damit tun, wenn wir das Flirt- und Kennenlern-Spiel etwas weniger ernst nehmen könnten: Eigentlich macht es Spaß, Menschen kennenzulernen! Es sei denn, man muss unbedingt etwas Bestimmtes damit erreichen, oder man glaubt, dass man sich verstellen muss, um gemocht zu werden. Dann kann es tatsächlich ziemlich stressig sein. Vor allem, wer nur (und dann auch noch selten) auf das andere Geschlecht zugeht, und dann immer nur mit der Absicht, eine Partnerschaft zu beginnen, der steht permanent unter Druck: Weil er Erfolg haben will in einer Disziplin, in der er (oder sie) nur wenig Übung hat.

In einem meiner Kurse war neulich ein sehr interessanter junger Mann, der bisher sehr erfolglos war bei der Anbahnung von Liebesbeziehungen, weil es für ihn »der pure Stress« war. Er sagte, dass er in einer Partnerschaft jemand werden könne, der aktiv ist, sich gerne einbringe und unterschiedliche Interessen verfolge – und alleine? Ja, alleine … Er sei alleine eher so der lethargische Typ. Warum? Na ja – so sei er halt. Warum wäre er in einer Beziehung anders? Weil die Frau das doch erwarte!

Wenn er also ein Date mit einer Frau hatte, versuchte er, ihr zu verkaufen, dass er eigentlich ganz anders sei, als er tatsächlich war. Kein Wunder, dass das für ihn »der pure Stress« war. Und auch kein Wunder, dass es nicht funktionierte! Es gibt vermutlich weit mehr Frauen da draußen, die einen Mann nehmen würden, der ein bisschen lahmarschig ist, als einen, der so ungeschickt versucht, sie für dumm zu verkaufen, und um geliebt zu werden, etwas werden würde, was ihm gar nicht entspricht.

Mein Gott, erzählen wir uns dummes Zeug, wenn wir versuchen, einander näherzukommen!

Und damit zurück zu der Frage, worüber man beim Kennenlernen tatsächlich reden könnte.

 **Wenn wir das Spielchen der gegenseitigen Annäherung etwas weniger ernst nehmen, könnten wir stattdessen fragen: Was würde uns Spaß machen? Wie würden wir uns wohl fühlen?**

Es gibt ein paar ganz einfache Möglichkeiten, ein Gespräch zu führen, zu genießen und dabei auch noch das Wichtigste in Sachen »Kompatibilität« zu klären. Jeder Flirt, jedes Date, jede Begegnung gibt uns die Möglichkeit zu erfahren, ob unser Gegenüber für die Art von Beziehung, die wir uns wünschen, bereit und geeignet ist.

Und genau darum geht es immer und überall:

Ist mein Gegenüber bereit _und_ geeignet, mit mir eine Beziehung einzugehen.

Mit dieser einfachen Formel werden Sie ziemlich schnell feststellen: Es gibt da draußen eine Menge Menschen, die wären zwar bereit, sie sind aber aus Ihrer Sicht nicht geeignet. Und es gibt einige, die wären Ihrer Meinung nach zwar geeignet, sie sind aber nicht bereit. Und im Umkehrschluss ist Ihr Gegenüber immer dann nicht bereit, wenn er Sie für nicht geeignet hält – ganz egal, welchen Vorwand oder welche Ausrede er oder sie benutzt.

Viele Menschen vernachlässigen einen dieser beiden Punkte: Sie sind nur erpicht darauf, ob ihr Gegenüber bereit wäre, und vergessen dabei völlig zu »prüfen«, ob er oder sie überhaupt geeignet ist. Oder sie sind bereits so bedürftig, dass jeder, der einigermaßen bereit wäre, für sie automatisch geeignet erscheint. Andere sind nach längerer Zeit so kritisch, dass sie nur ständig prüfen wollen, ob der andere geeignet wäre – und übersehen dabei, dass die Bereitschaft des potenziellen Partners nicht gerade steigt, wenn er das Gefühl hat, einem Eignungstest unterzogen zu werden.

Wie also kommen wir hier weiter? Ganz einfach. Wie wir bereits im Kapitel über Anziehung erfahren haben, wissen wir sowieso nicht, was einen Menschen für uns wirklich geeignet macht – Anziehung entsteht unbewusst. Also können wir auch genauso gut Spaß haben und uns wohl fühlen.

Fragen wir uns nämlich mal: Warum wollen wir überhaupt eine Partnerschaft? Warum wollen wir verliebt sein? Dann kommen wir, nach all den vielen Plattitüden und Klischees, nach all den vielen vernünftigen und unvernünftigen Gründen am Ende alle bei ein und derselben Sache raus: Weil es schön ist. Weil wir uns gut fühlen wollen. Weil wir glücklich sein wollen.

Der Schlüssel zum guten Gefühl, der Schlüssel zum Glück liegt nicht darin, den passenden Partner zu finden. Verliebt zu sein ist ein wirklich gutes Gefühl. Doch jeder, der schon mal verliebt war, weiß (hoffentlich), dass bei näherer Betrachtung das, was sie/ihn verliebt gemacht hat, nur zu einem kleinen Teil »harte Fakten« waren. Verliebtheit besteht zum größten Teil aus Projektion – also aus dem, was wir uns vorstellen, was wir »fantasieren« und dem anderen unterstellen, wie und was er alles für uns sein könnte. Und all das hat so viel mehr mit uns und unseren Sehnsüchten und Bedürfnissen zu tun als mit dem jeweiligen Gegenüber, dass Objektophilie und die dazu passende Geschäftsidee eines amerikanischen Bildhauers plötzlich gar nicht mehr so abwegig erscheint. Ab ca. 5000 Dollar kann man eine Freundin oder einen Freund aus Silikon kaufen, wechselbare Gesichter für alle Stimmungen und lebensechte Nachbildung aller Geschlechtsmerkmale inklusive. Eine sicher interessante Alternative – vor allem, weil der »Partner« nie zu spät zu Verabredungen kommt oder Jobsorgen hat.

Aber ernsthaft: Wenn unser eigentliches Ziel ist, uns gut zu fühlen, und wir anerkennen können, dass eine Partnerschaft nicht gleichbedeutend ist damit, sich gut zu fühlen, können wir uns fragen, was es dann ist. Und wir können feststellen, dass es so viel leichter ist, sich zu verlieben (oder auch attraktiv zu sein), wenn man glücklich ist, so dass wir anfangen können, uns die wirklich relevanten Fragen zu stellen:

Wann fühlen wir uns gut?

Was macht uns »nachhaltig« glücklich?

Inzwischen wurde darüber eine Menge geforscht, es gibt zahlreiche Studien und Untersuchungen, und, lassen Sie es mich gleich vorwegnehmen, ganz oben auf der Liste stehen soziale Bindungen: Partner, Verwandte und Freunde, zu denen ein gutes Verhältnis besteht. Und genau da liegt der Knackpunkt:

 Glücklich macht uns nicht ein Mensch, sondern eine große Gruppe unterschiedlicher Menschen und die Tatsache, dass wir uns mit diesen Menschen wohl fühlen und ein gutes Verhältnis zu ihnen haben.

Weitere Ergebnisse der Glücksforschung besagen, dass außerdem Gesundheit ein wichtiger Faktor ist, und die Frage, ob man etwas Sinnvolles zu tun hat – hier spielt es keine Rolle, ob das beruflich oder privat der Fall ist und was man selbst als sinnvoll erachtet.

Es gibt eine Studie, die älter ist als alle anderen Studien zum Thema Glück und Zufriedenheit: George Vaillant, Psychiatrieprofessor in Harvard, hat 42 Jahre (!) lang eine Langzeitstudie[1] geleitet, die bereits 1937 von Arlie Block, dem Leiter der Health Services Harvard, ins Leben gerufen wurde und untersuchen sollte, was Menschen glücklich macht: 268 junge Studenten waren bereit, sich ein Leben lang immer wieder mit Tests, Interviews und Fragebogen zu beschäftigen, um Glück nicht nur für den Moment zu untersuchen, sondern über ein ganzes Leben hinweg.

Die wichtigste Aussage dieser Langzeitstudie ist laut Studienleiter Vaillant (inzwischen ebenfalls 75 Jahre alt): »Das Einzige, worauf es wirklich ankommt, sind Beziehungen.«

Und damit sind nicht nur Liebesbeziehungen gemeint, sondern Beziehungen grundsätzlich: eine halbwegs intakte Familie, Freunde und Bekannte, Nachbarn, Kollegen und so weiter. Wer »gut mit anderen kann« und soziale Kontakte hat und pflegt, ist glücklicher.

Es ginge außerdem nicht darum, was der Einzelne in seinem Leben erreicht oder nicht erreicht hatte, sondern vielmehr, wie sie mit den Schicksalsschlägen umgehen, mit denen sie das Leben herausfordert – wie gut, wie leicht und wie schnell sie die Tiefschläge überwinden.

Eine weitere interessante Entdeckung machten Wissenschaftler an der Universität von Arizona[2]: Sie fanden heraus, dass Menschen glücklicher waren, wenn sie weniger Zeit alleine verbrachten und mehr tiefgründige Gespräche führten.

Das sind ganz wunderbare Hinweise für alle Menschen, die sich gerne verlieben möchten bzw. die sich wünschen, dass sich auch mal jemand in sie verliebt:

 **Finden Sie Freunde, Bekannte, nette Leute in Ihrer Umgebung – reden Sie mehr, seien Sie echt und ehrlich, und führen Sie mehr tiefgründige Gespräche.**

Verabschieden Sie sich von der Vorstellung, es allen recht machen zu wollen: Bereits Platon erkannte, dass dieser Wunsch einem nur selbst schadet, als er sagte: »Ich kenne keinen sicheren Weg zum Erfolg, aber einen sicheren Weg zum Misserfolg. Es allen recht machen zu wollen.« Wer immer bei allen beliebt sein will, ist letztlich ohne Profil und verbiegt sich so sehr, dass er am Ende selbst nicht mehr weiß, wer er sein möchte.

Verabschieden Sie sich aber genauso davon, dass andere es Ihnen recht machen müssen oder jeder andere Sie gut finden muss. Wer sich von der Bewertung durch Mitmenschen abhängig macht, ist immer auf der Suche nach neuer Bestätigung. Jeder Mensch hat seine Prioritäten, seine Bedürfnisse, seine Wünsche, Ängste, Möglichkeiten, seine Vergangenheit – all das hat nichts mit Ihnen zu tun. Lassen Sie den Wunsch los, andere kontrollieren zu wollen, und vergeben Sie einfach denen, die nicht zu Ihnen passen, die nicht bereit oder geeignet sind für eine wie auch immer geartete Beziehung mit Ihnen.

Werden Sie lieber neugierig! Helfen Sie anderen. Planen Sie schöne Erlebnisse. Treiben Sie hin und wieder ein bisschen Sport. Gehen Sie raus an die frische Luft, und tanken Sie immer mal wieder »echtes« Sonnenlicht. Beschäftigen Sie sich mit Dingen, die Sie erfüllen, die Sie zum Lachen oder Lächeln bringen, und das möglichst oft. Seien Sie spontan. Stellen Sie sich neuen Herausforderungen, und geben Sie Ihrem Gehirn »Futter«. Und letztlich: Treffen Sie Menschen.

Dieser kleine Absatz beinhaltet ein komplettes Glücksbuch. Viel mehr werden Sie in der gesamten Glücksliteratur kaum finden, also warum nutzen Sie es nicht? Das wäre jetzt die super Gelegenheit, denn wenn Sie diese neuen Prinzipien beherzigen, werden Sie:

1. glücklich
2. nahezu unwiderstehlich
3. ein guter Partner

Und damit hätten Sie drei Fliegen mit einer Klappe geschlagen!

Ach nein, sogar noch eine vierte: Bei einem Date wüssten Sie endlich, worüber Sie reden könnten, denn Sie hätten ein erfülltes, glückliches Leben und außerdem reichlich Übung darin, echte Gespräche mit Menschen zu führen. Und es wäre nicht so wichtig, ob Ihr Gegenüber Sie wirklich mag oder ob Sie sie/ihn ins Bett kriegen, denn Sie wären viel weniger bedürftig und damit automatisch um einiges attraktiver!

Es ist wahrscheinlich gerade unsere Bedürftigkeit, die nicht nur die Partnersuche, sondern auch später die Partnerschaft oft so kompliziert macht: Wir lernen als Kinder unweigerlich, dass wir »besser sein« müssen. Besser in der Schule, besser als Mensch, besser in so vielen Dingen. Wir lernen, dass wir für vieles zu klein sind. Wir lernen, dass wir brav sein müssen und stillsitzen sollen. Wir lernen, dass es wichtig ist, was andere über uns denken. Wir lernen, dass wir uns anstrengen müssen. Und das alles mag seine Berechtigung haben. Allerdings haben viele von uns dadurch auch etwas gelernt, das in den meisten Fällen gar nicht beabsichtigt war: dass wir nicht gut genug sind.

Wer Angst hat, dass er nicht gut genug ist, der glaubt, genau das beständig verbergen zu müssen. Dabei wünscht er sich nichts sehnlicher, als geliebt zu werden.

Findet man dann endlich jemanden, der einen liebt, so glaubt man, dass dies eine so seltene Ausnahme, ein so großer Glücksfall sei, dass man diesen Menschen unbedingt festhalten müsse. Man klammert sich an diesen einen Menschen (selbst wenn er vielleicht gar nicht recht zu einem passt) und versucht, ihn dann auch noch möglichst von allen anderen Menschen fernzuhalten, damit er es sich nicht noch mal anders überlegt.

Das ist *mein* Mann, Freund, Partner! *Meine* Frau, Freundin, Lebensabschnittsgefährtin. Wir haben in der partnerschaftlichen Liebe sehr häufig eine Art »Besitzanspruch« – und das klingt gar nicht mehr so sexy, wenn man genauer darüber nachdenkt.

Die Wahrheit über das Verlieben ist, dass nicht nur das Verliebtsein glücklich macht, sondern dass vor allem das Glücklichsein verliebt macht: Je mehr wir gute Gefühle in unserem Alltag erleben können, desto leichter wird es uns fallen, andere Menschen anzuziehen.

Die Wahrheit über das Verlieben ist, dass es eigentlich nur ein fieser Trick der Natur ist, dass wir den anderen so toll finden, uns blind vor Liebe auf sie/ihn einlassen und möglichst bald zu unserer Arterhaltung beitragen.

Die Wahrheit über das Verlieben ist aber auch, dass es ein so schönes Gefühl ist, dass es den ganzen Ärger hinterher auch wieder wert ist. Es ist albern, Sicherheitsmaßnahmen gegen das Verlieben einzuleiten oder jedes Gegenüber kritisch zu prüfen und langen Eignungstests zu unterziehen, weil das letztlich nur Zeitverschwendung ist: Bei solchen Aktionen kommt meist nichts weiter raus als ein langweiliger Abend und jede Menge Frust. Es würde einfach helfen, wenn wir das Verlieben zulassen, *aber nicht so ernst nehmen würden!*

Die Wahrheit über das Verlieben ist, dass nicht jeder Mensch, in den wir uns verlieben, auch tatsächlich für eine Partnerschaft mit uns geeignet ist. Und das ist ganz normal. Manchmal verlieben wir uns in etwas, das wir zwar gerne hätten oder können möchten, das aber einfach nicht zu uns oder in unser Leben oder zu unseren Plänen passt. Oder wir verlieben uns in etwas, das gar nicht da ist, und reiben uns jahrelang daran auf, es irgendwie hinzukriegen. Oder wir verlieben uns in jemanden, der sich nicht in uns verliebt, und wir vergeuden unsere besten Jahre damit, es irgendwie hinkriegen zu wollen, dass dieser Mensch seine Meinung und seine Zuneigung zu uns ändert. All das können wir uns ersparen, wenn wir anerkennen können, dass Verliebtheit in einen Menschen nicht zwangsläufig bedingen muss, mit dieser Person eine partnerschaftliche Liebesbeziehung eingehen zu müssen, diesen Menschen »besitzen« zu müssen.

Und hier liegt eigentlich das größte Potenzial für all das, wonach wir suchen: Wenn wir mehr dafür tun, glücklich zu sein, können wir uns öfter verlieben. Wenn wir das Verlieben nicht so ernst nehmen, müssen wir nicht mit jedem Menschen auf Gedeih und Verderb eine Beziehung eingehen. Wenn wir nicht jeden, in den wir verliebt sind, gleich heiraten müssen, können wir öfter verliebt sein und das Verliebtsein mehr genießen, und das wiederum macht uns glücklicher … Dieser Glückszustand wiederum führt viel leichter dazu, einen Menschen kennenzulernen, der wirklich zu uns passt und mit uns zusammen sein möchte.

 Es ist schön, verliebt zu sein – es ist nicht notwendig, aus jeder Verliebtheit eine Beziehung zu machen.

Man kann auch mehr als einen Menschen lieben. Jemanden zu lieben heißt nicht, ihn zu besitzen – und muss auch nicht heißen, mit diesem Menschen eine Beziehung eingehen zu müssen. Mehr als einen Menschen zu lieben heißt nicht, den jeweils anderen weniger zu lieben. Vielleicht sogar ganz im Gegenteil. Wie viel Enttäuschung würde uns erspart bleiben, würden wir das verstehen und umsetzen? Wie viel Leid, wie viel Eifersucht, wie viel »Liebeskummer« wäre plötzlich völlig albern und unnötig, wenn wir lieben könnten, ohne besitzen zu wollen.

Eigentlich gar nicht so kompliziert, oder?

Das Date am Nachbartisch ist gelaufen. Sie ist gegangen – und hat für sich selbst bezahlt. Er sitzt da noch und macht Wisch-Bewegungen auf seinem Smartphone. Irgendwie tut er mir fast ein bisschen leid. Irgendwie. Na ja … fast. Beim Rausgehen sehe ich ein Pärchen an einem kleinen Tisch am Eingang sitzen. Er füttert sie mit Kuchen und sagt ihr gerade, dass sie die süßeste Nase der Welt hat. Ich schau mir die Nase kurz an – ja, die ist wirklich süß! Sie weiß nicht genau, ob sie verlegen, geschmeichelt oder entrüstet sein soll – außerdem hat sie den Mund voll. Beide lachen und albern herum. »Geht doch!«, denk ich mir und nicke ihm verschwörerisch zu, als ich das Café verlasse.

Die Wahrheit über Partnerschaft und Liebe

Vor mir sitzen zehn Menschen in einem Seminar über Liebe und Partnerschaft. Auf die Frage, warum sie sich überhaupt einen Partner bzw. eine Partnerin wünschen, haben sie viele Antworten: eine Familie gründen, nicht mehr alleine sein, sich gut fühlen, das Leben teilen, weil es zu zweit schöner ist und so weiter und so fort. Doch zum Schluss landen alle letztlich bei zwei Hauptgründen:

1. Weil man das so macht.
2. Um glücklich zu sein.

Weil das mit Partner angeblich einfacher sein soll als ohne. Doch wie wir aus Erfahrung wissen, gibt es dafür keine Garantie – schon gar nicht in der Partnerschaft.

Glücklich zu werden, weil man »den richtigen Partner« gefunden hat, und es dann auch zu bleiben, ist wohl ungefähr genauso realistisch wie die Hoffnung, dass man Kinder bekommen könne, die einen nicht hassen, wenn sie 15 sind. Es soll schon vorgekommen sein – ist aber doch eher die Ausnahme.

Die meisten von ihnen hatten schon mal eine Partnerschaft – viele auch mehrere. Einige »mehr als genug«. Und es hat nicht geklappt. Aber jetzt, jetzt soll's klappen! Wenn sie alles richtig machen, finden sie den Partner, der sie glücklich macht, und die Beziehung, die besser sein wird als die ihrer Eltern. Mindestens. Hoffentlich.

Es ist schon erstaunlich, wie viele Menschen sich von einer Beziehung erhoffen, dass alles gut wird, sich all ihre Probleme von alleine (oder zumindest rein durch die »richtige« Partnerwahl) lösen und die Beziehung dauerhaft harmonisch und glücklich ist, wenn man bedenkt, wie viele Menschen sich trennen.

Doch es hat ja auf der anderen Seite offenbar auch fast jede Woche irgendjemand (und manchmal mehr als einer) einen Sechser im Lotto – obwohl die Chance allein für die sechs Richtigen (ohne Superzahl) bereits 1:1553757333 ist (das ist eine Wahrscheinlichkeit von 0,0000064%). Nun – schaut man sich an, wie viele Menschen trotz dieser geringen Wahrscheinlichkeit jede Woche einen Lottoschein abgeben, ist es eigentlich nicht weiter verwunderlich, dass bei 50% Scheidungsquote immer noch so viele Menschen weiterhin einen Eheschein unterschreiben. Hier ist die Chance auf Glück ja offenbar immerhin 50% und damit doch um einiges höher als beim Lotto.

Und wir können ja auch offenbar so viel mehr dafür tun als beim Lotto: Anstatt nur die »richtigen« sechs Zahlen anzukreuzen, haben wir die Ziehung des eigenen Beziehungsglücks ja quasi täglich selbst in der Hand. Und dennoch scheint es so schwer, eine Beziehung auf Dauer lebendig und »glücklich« zu halten, dass viele Menschen aufgeben, hinschmeißen, den Partner beschuldigen, verlassen, verdammen und manchmal regelrecht dämonisieren. Dabei sollte sich doch Liebe und Freude einstellen, wenn man endlich den oder die Richtige/-n gefunden hat.

Wo ist das Problem?

Arten der Partnerschaft

Nun, das Problem beginnt doch eigentlich schon da, wo wir jemanden kennenlernen und gar nicht mehr wissen, was wir mit dieser Person wollen. Im fast schon wöchentlichen Rhythmus präsentieren uns die Medien neue Formen der Beziehungsgestaltung als Trend. Und findet man jemanden, den man mag, ist die ungestellte Frage nicht nur, ob, sondern auch wie und in welcher Form man eigentlich zusammen sein möchte.

Was soll es sein?

Das althergebrachte Modell der monogamen Zweierbeziehung? Und wenn ja, dann mit oder ohne Outdoor-Jacken im Partnerlook? Zusammen sein, aber getrennt wohnen ist ein neuer Trend, den nicht nur Menschen mit einer beruflich erzwungenen Fernbeziehung gerne praktizieren. Freiraum im Alltag und Liebe in der Hinterhand?! Oder soll es gleich »Minglen« sein – eine Mischung aus Partnerschaft und Singleleben –, also eher unverbindlich bleiben: In den USA nennt man so etwas auch »Friends with Benefits«, Freunde mit Vorzügen. Es ist gewissermaßen der »Vielleicht«-Button unter den Beziehungen: Ich halte es mir noch offen, denn es ist keine Beziehung, solange ich es nicht so nenne.

Auch »Polyamorie« ist mehr und mehr ein Thema. Ihre Befürworter behaupten, die monogame Zweierbeziehung funktioniere nicht. Und damit haben sie in vielen Fällen recht. Aber wo ist der Vorteil der Viel-Liebe bzw. der offenen oder »multiplen Beziehung« – also Beziehungen mit mehreren Menschen parallel? Frei nach dem Motto: Warum nur mit einem Menschen Beziehungsprobleme haben, wo es doch so viele gibt? Hatten wir das nicht in den 1960ern schon (mit mäßigem Erfolg) probiert? Vielleicht waren wir da nur noch nicht reif für »freie Liebe«?

Letztlich ist die Polyamorie ein Versuch, der Enge zu entkommen, die wir mit der monogamen Beziehung verbinden, da sie oft genug wie ein »Besitzverhältnis« er- und gelebt wird. Die meisten Menschen sind so froh, endlich überhaupt einen Partner gefunden zu haben, dass sie Angst haben, diesen wieder zu verlieren, wenn sie ihm die Chance geben, auch andere Menschen kennenzulernen. Doch mit der Forderung und dem Wunsch nach Treue kommen vielen Menschen die Zweifel, ob der Partner sich auch daran hält, und es kommt immer wieder zu Eifersucht – und diese schadet einer Beziehung meist mehr als alles andere. Gibt es keine Pflicht zur Treue, gibt es auch keinen Anlass zur Eifersucht, sagt der Vielliebende und lässt den Trieben und Lieben freien Lauf. Zumindest seinen eigenen …

Nicht dass das für den ein oder anderen Monogamen nicht auch seinen Reiz hätte – aber vielen Menschen ist das schlicht zu anstrengend: Sie möchten wissen, wo sie wohnen und mit wem, und tauschen die Aufregung der freien Liebe in der großen Welt lieber mit dem etwas kleineren, eintönigeren, aber dafür verlässlichen und einschätzbaren Rahmen einer Zweierbeziehung. Zumindest hoffen sie das. Wer weiß schon sicher, wie der andere denkt und was er treibt … Ändert einer dann doch seine Meinung, ist die Beziehung zu Ende.

Also was hält länger? Und wo ist überhaupt der Wert davon, dass es lange hält? Muss eine Beziehung lange halten, um gut zu sein? Oder muss sie gut sein, um lange zu halten? Muss sie überhaupt noch lange halten? Wofür?

Mit anderen Worten: Es ist kompliziert.

Und es gibt wieder mal kein Patentrezept. Leider – oder vielleicht zum Glück. Aber es gibt ein paar Hinweise, ein paar Wahrheiten über Liebe und Partnerschaft, die helfen können, uns selbst und einander besser zu verstehen.

Beziehung, Partnerschaft und Liebe

Eine dieser Wahrheiten ist eine Art sprachliches Missverständnis, das viele Menschen haben: Viele unserer Schwierigkeiten bei Partnerschaften kommen daher, dass wir nicht gelernt haben, die Begriffe »Beziehung«, »Partnerschaft« und »Liebe« in ihrer Bedeutung voneinander zu trennen, und sie daher auch in unserem Gefühlsleben beständig verwechseln:

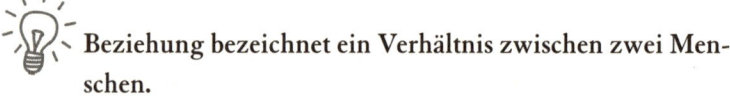 **Beziehung bezeichnet ein Verhältnis zwischen zwei Menschen.**

Wir haben mit allen um uns herum Beziehungen: Arbeitsbeziehungen, Kundenbeziehungen, nachbarschaftliche Beziehungen, Freundschaftsbeziehungen oder eben auch Liebesbeziehungen. All das sind Beziehungen, auch eine Feindschaft ist eine Beziehung.

Eine Partnerschaft ist ebenso eine Form der Beziehung. Viele Menschen, die »in einer Beziehung« mit jemandem sind, haben keine Partnerschaft mit dieser Person, sondern eben lediglich eine »Beziehung«.

Zu einer Partnerschaft wird eine Beziehung erst dann, wenn man seinen Partner auch wirklich als einen Partner sieht und behandelt – wenn man »im selben Team spielt«.

Überlegen Sie mal, wie oft Sie in einer Beziehung schon nicht im selben Team waren wie Ihr »Partner«. Wo Sie eigentlich gegen ihn gespielt haben, eifersüchtig auf ihn waren, Angst hatten, dass er Sie ausbootet oder zu viel bekommt, zu wenig gibt, dass er gewinnt und Sie verlieren könnten.

In einer richtigen Partnerschaft verfolgt man dieselben Ziele und gewinnt gemeinsam. Man kämpft nicht gegeneinander, sondern miteinander.

Immer wenn Sie das Gefühl haben, gegen Ihren Partner kämpfen oder gewinnen zu müssen, sind Sie gerade nicht in einer Partnerschaft.

Und dann ist da noch: die Liebe.

Die Liebe, von der so viele Menschen behaupten, sie hätten zu wenig bekommen, sie würden so viel davon geben, von der sie immer wieder das Gefühl haben, sie verdienen zu müssen oder nicht verdient zu haben, sie sei verlorengegangen oder einfach über sie gekommen, sie täte weh oder sei enttäuschend, und sie sei generell ja sowieso an allem schuld.

Was für ein unglaublicher Mist …

Liebe – ist allem voran erst einmal ein Gefühl. Und Gefühle kann man spüren – aber eben nur seine eigenen Gefühle, nicht die Gefühle einer anderen Person.

Wir glauben zwar manchmal, dass wir etwas nachfühlen oder mitfühlen können, aber letztlich versuchen wir uns nur in die Lage des anderen zu versetzen und fühlen dann das, was wir fühlen. Das kann meilenweit entfernt sein von dem, was ein anderer fühlt. Wenn jemand uns liebt – und wir diesen Menschen nicht lieben, dann nützt es nichts, wenn er uns »Liebe gibt« – also uns seine Gefühle zeigt oder entgegenbringt. Wir fühlen nun mal nicht dasselbe. Denn es ist nicht möglich, ein Gefühl zu geben – vor allem, wenn der andere es nicht »nehmen« möchte. Wir können uns auf eine bestimmte Art und Weise verhalten – zum Beispiel »liebevoll«. Doch ob der andere dann Liebe empfindet oder nicht, liegt nicht in unserer Macht.

Ein großes Dilemma, von dem beispielsweise auch viele Eltern ein Lied singen können. Aus ihrer Sicht verhalten sie sich ihren Kindern gegenüber liebevoll, das kommt bei den Kindern jedoch einfach nicht an! All die tollen Ratschläge, die hilfreichen Hinweise, das liebevoll gekochte Essen, die sinnvollen Geschenke, die interessierten und besorgten Erkundigungen und Nachfragen, die Haushalts-Tipps, die Ideen zur erfolgreichen Partnersuche – sie verhallen und werden missverstanden als Besserwisserei, nerviges Einmischen in das eigene Leben, Aufforderung zur Völlerei, unnötiger Plunder und Kritik. Dabei war doch alles nur gut gemeint ... Menschen haben, vor allem auch in unterschiedlichen Generationen, unterschiedliche Auffassungen davon, Liebe auszudrücken. Ich bin schon gespannt, mit welcher Art der Liebesbezeugungen meine Generation ihren erwachsenen Kindern später mal auf die Nerven gehen wird.

Liebe zeigen und Liebe spüren ist eben nicht dasselbe.

 In Sachen Liebe kennen wir zwei Möglichkeiten: Die Liebe zu jemandem (oder etwas) spüren und sich geliebt fühlen.

In einer Partnerschaft ist es ziemlich hilfreich, wenn beide Gefühlsarten vorhanden sind. Doch wer oder was ist dafür verantwortlich, dass beide Partner diese beiden Gefühle spüren können? Gefühle kann einem ja keiner »machen« – außer, er ist wirklich gut in Voodoo ... Ob ich mich geliebt fühle, wenn jemand mir seine Liebe zeigt, kann ich jederzeit selbst entscheiden, und leider kann ich auch niemanden mit noch so liebevoller Geste dazu bringen, sich geliebt zu fühlen oder gar »zurück zu lieben«.

Was allerdings hervorragend funktioniert, ist das Zerstören liebevoller Gefühle – und das ganz oft völlig unabsichtlich, wenn wir vergessen oder nicht wissen, dass das Gefühl von Liebe zu einem Menschen unser eigenes Gefühl ist und wir uns selbst angreifen, wenn wir diesen Menschen oder unsere Beziehung angreifen.

Liebe ist bedingungslos – das haben wir alle schon einmal gehört oder gesagt, aber meist nicht verstanden. Vor allem dann nicht, wenn wir die Begriffe durcheinanderwerfen. Denn:

 Im Gegensatz zur Liebe ist Partnerschaft nicht bedingungslos und sollte es auch nicht sein. Die Liebe ist das Gefühl, das man füreinander empfindet. Die Partnerschaft ist die Situation, in der man ist.

Jede Partnerschaft hat Regeln und Bedingungen für das Zusammenleben. Manche davon sind klar und werden auch ausgesprochen, werden vereinbart, sind für beide gleich wichtig oder werden im Kompromiss gefunden. Andere sind unausgesprochen, manche noch nicht einmal bewusst. Sie entstehen aus den Bedürfnissen, die wir haben: Bedürfnisse, die die Partnerschaft (und damit der Partner) abdecken und erfüllen soll (»Mach mich glücklich!«), und Bedürfnisse, die die Partnerschaft (und der Partner) nicht verhindern soll oder darf (»Schränke mich nicht ein!«).

Wenn ich jedoch mein Gefühl der Liebe zu meinem Partner nur abhängig mache von der Erfüllung meiner Bedürfnisse, dann werde ich häufiger enttäuscht sein, und das Liebesgefühl wird schwächer und schwächer.

Das heute so verbreitete und erwartete »Glücksversprechen« einer Partnerschaft kann in der Realität nicht immer eingehalten werden, da es in der Partnerschaft nicht immer um Glück, Glücklichsein oder gegenseitiges Glücklichmachen gehen kann. Mache ich meinen Partner dafür verantwortlich, dass die Beziehung nicht nur aus Glück und »Friede, Freude, Eierkuchen« besteht, ist es mit der Liebe bald vorbei.

Ein weiteres Problem beim Gelingen von Partnerschaften und dem Fortbestehen des Liebesgefühls ist unsere ständige Überflutung mit Informationen darüber, wie eine Partnerschaft sein sollte oder muss: Medien, Filme, Musik, Gesellschaft, Familie – sie alle »zeigen« uns, wie es angeblich richtig ist, und natürlich widersprechen sich diese Informationen auch häufig gegenseitig.

Viele von uns denken immer noch, wenn man den einen findet, wird alles gut – er (oder sie) wird uns ergänzen und damit all unsere »Fehler« ausgleichen. Oder wenn wir eine echte, bewusste, tiefe und wie-auch-immer-geartete spirituelle Verbindung eingehen können, wird das all unsere Neurosen und Probleme beseitigen.

Wenn wir uns für eine Partnerschaft entscheiden, dann verschwinden das Rosa-Brille-Syndrom und die lauschig-romantische Stimmung des Verliebtseins nach ein paar Monaten oder einem Jahr, vielleicht auch nach zweien, und wir kommen zum Fundament unserer Beziehung, und eines der Dinge, die wir, wenn wir Glück haben, bemerken, ist:

 Eine Partnerschaft ist herausfordernd!

Wenn wir nicht zu dieser Feststellung finden, denken wir einfach nur: »Mein Partner ist ein Idiot«, und sind enttäuscht. Und dann passiert eigentlich immer dasselbe: Wir zweifeln, beschuldigen, verurteilen oder hassen. Dann machen wir dicht, distanzieren uns oder hauen ab. Oder wir bringen ihn (oder sie) dazu, uns zu hassen und abzuhauen – dann können wir wenigstens noch das Klagelied des Enttäuschten und Verlassenen anstimmen …

Wir benehmen uns in Partnerschaften oft – ohne es zu wissen oder zu wollen –, wie wir uns als kleine Kinder benommen haben, oder wir ahmen unbewusst unsere Eltern nach. Und dann leiden wir, weil unsere Fantasie (sprich: Wahnvorstellung) von der »perfekten Beziehung« so gar nicht zusammenpassen will mit dem, was wir gerade in der Realität erleben.

Und um es ganz kurz zu machen: Wenn ein Mann sich in eine Frau verliebt, dann wünscht er sich, dass sie bleibt, wie sie ist – tut sie aber nicht. Wenn eine Frau sich in einen Mann verliebt, dann wünscht sie sich meist, dass er sich noch ändert … tut er aber nicht.

Die Wahrheit über Partnerschaft und Liebe ist, dass wir uns heimlich (meist so heimlich, dass es uns selbst nicht mal bewusst ist) wünschen, dass ein Partner uns all das geben soll, was wir uns von unseren Eltern gewünscht und dort meist nicht ausreichend bekommen haben: Aufmerksamkeit, Wertschätzung, Zeit, Lob, Anerkennung, Ermutigung, Loyalität. Wir machen unseren Partner oft dafür verantwortlich, all das zu bekommen, um glücklich zu sein. Gleichzeitig machen wir es ihm/ihr jedoch sehr schwer, uns genau das zu geben. Und sehr oft suchen wir uns jemanden aus, der nicht sehr gut darin ist, uns unsere Wünsche zu erfüllen, denn dann wird es ja erst besonders spannend. Wenn wir uns einen Partner suchen würden, der das gut kann, wäre es ja ganz einfach. Doch wir suchen das Drama: Wir suchen häufig jemanden aus, der dem Menschen ähnlich ist, von dem wir diese »Geschenke« als Kinder schon gerne gehabt hätten, denn dann – so hoffen wir – löst sich dieses Trauma endlich auf. Nur leider weiß unser Partner nichts von dem Drama, das wir gerade inszenieren (wie auch – wenn es uns selbst nicht mal bewusst ist), und auch nicht von dem Happy End, auf das wir hoffen.

Wir haben durch die enge Verknüpfung zwischen den Wörtern Liebe, Beziehung und Partnerschaft sehr häufig eine sehr große Sehnsucht nach allem Möglichen und erhoffen uns in der Liebe die Erfüllung dieser Sehnsüchte. Passiert das nicht, kann die Enttäuschung darüber so groß werden, dass die Liebe sich in Ablehnung und sogar Hass verwandelt, denn Hass ist letztlich nichts anderes als enttäuschte Liebe.

Und es kommt noch besser: Nachdem wir den (vermutlich baldigen Ex-)Partner ausreichend beschuldigt haben, beschuldigen wir uns selbst, weil wir keine »vernünftige Beziehung etablieren können«. Wir sind deprimiert und fragen uns, was an uns nicht stimmt, dass wir immer wieder denselben Mist erleben.

Suchen wir dann Rat bei Freunden, hören wir meistens Sätze, die anfangen mit »Du musst halt mal …« – aber das wenigste davon ist wirklich hilfreich oder in irgendeiner Form sinnvoll für uns. Das entmutigt die meisten noch mehr, und die Sehnsucht wird größer und größer.

Dabei ist es eigentlich leicht zu sehen:

 Wir wollen heute viel mehr von einer »Beziehung« als unsere Vorfahren – nehmen (und geben) uns aber viel weniger Zeit dafür und haben viel weniger Geduld.

Liebe entsteht und vergeht nicht einfach so – sie ist ein Gefühl, das wächst oder eben eingeht, je nachdem, ob wir etwas tun, um dieses Gefühl aufrechtzuerhalten und zu mehren – oder eben nicht.

Mit anderen Worten: Wenn eine Beziehung zu einem Lebenspartner gelingen soll, dann ist die sinnvollste Methode, daraus eine Partnerschaft zu machen: mit klaren Absprachen und fairen Bedingungen, mit definierten Zielen und ganz viel Aufrichtigkeit zu sich selbst und dem Partner. Ohne Manipulation, Beschuldigungen, Aufopferung, Stolz und überzogene Erwartungen. Aber genau das haben viele von uns nicht vorgelebt bekommen.

Allerdings kann man auch da den meisten Eltern und Großeltern keinen Vorwurf machen – sie wussten es nicht besser, waren selbst enttäuscht und überfordert, oder sie hatten das Glück, von ihrem jeweiligen Partner so wenig erwartet zu haben, dass Liebe auf der Basis von Respekt, gegenseitiger Dankbarkeit und vielleicht auch schlichter Gewohnheit im täglichen Leben auf eine leise, aber spürbare Art in ihrer Beziehung vorhanden war.

Was können wir also tun, wenn wir uns eine Partnerschaft

als Form der Beziehung und ein Gefühl der Liebe darin wünschen?

Wir können zunächst alles weglassen und mit allem aufhören, was keine Liebe ist. Das ist zu Beginn sehr ungewohnt und fühlt sich fremd und manchmal sogar falsch an! Ich schlage Ihnen drei kleine Experimente vor, sich mit diesen ungewohnten und seltsamen Methoden zu beschäftigen. Probieren Sie es doch mal aus!

Drei Experimente, die Liebe zu finden

1. Das Experiment der Vergebung

Immer wenn wir einem Menschen nicht vergeben, hat einmal ein weiser Mensch gesagt, dann ist das, als würden wir selbst Gift einnehmen in der Hoffnung, dass der andere daran stirbt. Und genau das trifft die Sache auf den Punkt: Spüre ich einen Groll gegen jemanden, dann spüre *ich* diesen Groll. *Mir* geht es in diesem Moment schlecht, nicht dem anderen. Hat dieser andere mir irgendwann mal unrecht getan, so ist das schlimm genug – warum sollte ich jetzt noch über Jahre immer wieder schlechte Gefühle haben, wenn ich nur an diesen Menschen denke? Das straft ihn keineswegs, nur mich.

Vergebung ist demnach eine sehr egoistische Angelegenheit. Sie befreit uns aus unserer Opferrolle und hat eigentlich gar nichts mit dem Täter zu tun. Ich muss diesen Menschen nicht wiedersehen, nicht mit ihm sprechen und ihn auch nicht zu meinem Freund machen – es reicht, wenn ich ihn

»entlasse«. Mit jedem Hass, den ich loslasse, schaffe ich Platz für Liebe in mir und brauche immer weniger Genugtuung, immer weniger Wiedergutmachung oder Kompensation. Dann bringe ich all diese Dinge nicht in eine neue Beziehung mit. Ein guter Plan!

Nehmen Sie sich einen Menschen vor, von dem Sie enttäuscht wurden und auf den Sie bis heute sauer sind, und vergeben Sie ihm. Ganz heimlich, ohne irgendwen davon zu unterrichten. Stellen Sie sich diesen Menschen vor Ihrem geistigen Auge vor, und sagen Sie ihm: »Du bist zwar ein … (Beschimpfung nach Wahl), aber warum auch immer du nicht anders konntest, als dich so zu verhalten: Ich vergebe dir. Du bist entlassen.«

Meist genügt das schon, manchmal möchte man vielleicht noch ein kleines Ritual abhalten, etwas verbrennen oder etwas loslassen. Probieren Sie ein bisschen herum, oder schreiben Sie einen Brief (den Sie nicht abschicken). Und dann spüren Sie mal in sich hinein: Wie fühlen Sie sich jetzt? Leichter? Erleichtert? Freier? Befreiter?

Können Sie sich nun vorstellen, dass Sie mehr Liebe empfinden werden können, wenn Sie weniger Groll, Hass, Enttäuschung, Wut, Rachegelüste oder Bedürftigkeit spüren?

2. Das Experiment der Akzeptanz

Eine weitere Möglichkeit ist, aufzuhören, mit der Realität zu streiten: Wie oft ärgern Sie sich darüber, dass die Dinge nicht so sind, wie sie sein sollten? Dass irgendetwas »zu« ist: zu langsam, zu schnell, zu weit, zu schlecht … Dass Sie selbst »zu« sind: zu lange allein, zu dick, zu klein, zu blöd, zu klug, zu selbständig, zu was-auch-immer. Immer wenn etwas für uns »zu« ist, bedeutet das, dass wir nicht einverstanden sind damit, wie es ist, und es gerne anders hätten. Ändert das die Sache? Meistens nicht. Das Einzige, was passiert, ist, dass wir uns schlecht fühlen und in einer Welt leben müssen, in der die Dinge nicht so liegen, wie wir sie gerne hätten oder glauben zu brauchen. Sie glauben, Sie wüssten, wie das Wetter sein sollte, wie die Bahn fahren müsste, was die Politik unternehmen, Ihre Nachbarn oder Kollegen über Sie denken sollten, wie andere Menschen sich ernähren sollten etc. Denken Sie mal darüber nach! Sie haben einen perfekten Plan davon, wie die Welt zu sein hat! Somit haben Sie mehr zu tun als Gott, denn der hatte in sieben Tagen einfach nur die Erde erschaffen. Sie hingegen haben jeden Tag die unlösbare Aufgabe, die Welt zu verändern, damit sie endlich richtig funktioniert, während Milliarden anderer Idioten dasselbe versuchen und dabei dauernd gegen Sie arbeiten!

Was glauben Sie, was passiert, wenn Sie damit aufhören? Wenn alles um Sie herum und in Ihnen plötzlich nicht mehr »zu« oder falsch ist, sondern einfach so, wie es ist?

Ich kann Ihnen aus eigener Erfahrung sagen, was passieren wird: Ein Gefühl von Frieden wird sich in Ihnen ausbreiten. Ein innerer Frieden, weil Sie unweigerlich einsehen müssen, dass Sie nicht mehr zu kämpfen brauchen, wenn die Dinge nicht mehr »zu« sind, sondern eben einfach so sind. Ändern Sie, was Sie ändern können, und akzeptieren Sie den Rest. Nichts auf der Welt ist »zu«, nichts ist falsch – alles ist so, wie es ist.

Unser ständiges Gefühl, etwas um uns herum sei falsch, entstammt der Annahme, dass wir falsch sind. Dann kämpfen wir einerseits gegen alles, das nicht so ist wie wir, und andererseits auch gegen alles in uns, das nicht so ist, wie wir glauben, dass es sein müsste, um »gut genug« zu sein. Und so leben wir selbst in einem ständigen Krieg mit uns und mit unserer Umwelt. Ist dieser Krieg beendet, stellt sich Frieden ein.

Was glauben Sie, wie häufig Sie noch mit Ihrem Partner um »richtig oder falsch« streiten müssen, wie oft Sie noch recht haben, recht bekommen oder recht behalten müssen, wenn Sie aufhören, alles zu bekämpfen, was nicht so ist, wie Sie es sich gedacht oder ersehnt haben? Ich würde es darauf ankommen lassen!

3. Das Experiment der bewussten Liebe

Wenn Liebe ein Gefühl ist, dann beginnen Sie doch mal damit, sich anzuschauen, was alles »liebenswert« ist – im wahrsten Sinne des Wortes. Betrachten Sie all die vielen kleinen und großen Dinge, Situationen und Beziehungen in Ihrem Leben, und lassen Sie zu, dass Sie mehr und mehr Liebe dafür empfinden.

Lieben Sie Ihr Auto, Ihr Bett, Ihren Job, einen besonders netten Kollegen, Ihr Lieblingsgericht, die Tatsache, dass Sie Strom und Wasser in Ihrer Wohnung haben, den Tag, an dem die Sonne scheint. Es gibt so vieles, was Sie lieben können. Ich weiß, gerade das mag erst mal sehr schräg klingen – aber, hey!: Probieren Sie es doch mal aus!

Betrachten Sie etwas in Ihrem Umfeld, das Sie wirklich mögen, und dann lassen Sie zu, dass aus diesem »Mögen« ein »Lieben« wird. Sagen Sie es laut: Ich liebe …

Lieben Sie zum Beispiel dieses Buch und den Umstand, dass Sie lesen können, und auch gleich den Ort, der es Ihnen gerade ermöglicht, dieses Buch zu lesen. Und dann schauen Sie, was passiert!

Diese drei Experimente sind drei einfache Dinge, mit denen Sie Ihr Leben schon auf eine ganz nachhaltige und positive Art verändern können. Drei Veränderungen, die Ihnen unzählige Momente schenken werden, in denen Sie mehr und mehr Liebe spüren können und alle Ihre Beziehungen, nicht nur eine Partnerschaft, deutlich vereinfachen und wertschätzender führen können.

Das macht noch keinen »Beziehungsprofi« aus Ihnen und garantiert Ihnen immer noch nicht ewig während es Glück und Leidenschaft in Ihrer Beziehung – aber vielleicht haben Sie ja inzwischen auch verstanden, dass es genau darum nicht geht.

Die Wahrheit über die Liebe ist, dass es in unseren Liebesbeziehungen nicht darum geht, möglichst wenige Fehler zu machen. Es geht im Leben allgemein nicht darum, so wenig Fehler wie möglich zu machen. Es geht nicht darum, immer alles richtig zu machen. Sondern darum, *etwas* zu machen, etwas zu wagen. Herauszufinden, was passiert und wie es sich anfühlt. Das, was gut ist, noch einmal und dann öfter zu machen. Nicht alles zu dramatisieren und für immer zu leiden, wenn es nicht so läuft, wie man es gerne hätte. Den Lerneffekt mitzunehmen. Nicht alles so ernst zu nehmen … Vielleicht ist genau das der Schlüssel zum Glück: Nimm es nicht so ernst!

Die Wahrheit über die Liebe ist, dass viele von uns so viele Dinge erlebt haben, die nichts mit Liebe zu tun haben, die wir aber immer wieder mit Liebe verwechseln und die wir glauben, unbedingt zu brauchen, wenn es zum Thema Beziehung kommt: Besitzergreifung, Eifersucht, Verbote, Schuldgefühle, Einschränkung, Unterdrückung, Enttäuschung und noch viele mehr. All das hat nichts mit der Liebe zu tun. Es sind Begleiterscheinungen von Beziehungen, wenn Menschen aus Angst handeln: Angst, nicht gut genug zu sein, Angst, den anderen zu verlieren, Angst, zu kurz zu kommen und vieles mehr. Diese unangenehmen Begleiterscheinungen entstehen nicht aus Liebe – sie entstehen aus Angst.

Die Wahrheit über Liebe ist, dass Liebe ein sehr schönes Gefühl ist, das wir empfinden, wenn wir uns einfach unglaublich gut und frei und sicher und großartig fühlen. Wenn wir uns zu jemandem oder etwas unwiderstehlich hingezogen fühlen und dabei zuversichtlich, freudig und enthusiastisch sind. Wenn wir uns groß und stark fühlen oder es total in Ordnung und wunderschön ist, sich klein und schwach zu fühlen. Wenn es irgendwie unerklärlich, aber unerklärlich gut ist.

Die Wahrheit über Liebe ist, dass sie sich für jeden und mit jedem und in jeder Situation ein bisschen anders anfühlt. Und genau das ist das Geheimnis der Liebe. Dass wir in der Lage sind, ein Gefühl zu erleben, das immer wieder neu und überraschend sein kann.

Die Wahrheit über Liebe ist, dass wir sie selbst machen. Dass jeder einzelne Mensch diesen Cocktail aus Gefühlen in sich trägt und eigentlich nur darauf wartet, dass er ihn finden und erleben kann. Und je weniger wir in uns all die Dinge kultivieren und pflegen, die uns davon abhalten, das zu finden und zu erleben, desto einfacher wird es.

Die Wahrheit über die Liebe ist, dass man nicht immer unbedingt vorher verliebt sein musste, um zu lieben und sich geliebt zu fühlen. Und da wir das Verlieben ohnehin kaum steuern können, können wir es auch genauso gut einfach genießen. Wir werden uns immer zu bestimmten Dingen hingezogen fühlen, und das geht mal »besser« und mal »schlechter« für uns aus. Partnerschaft und Beziehungen ganz allgemein sind ein großes Spielfeld für persönliche Entwicklung und Wachstum – und das ist nicht immer leicht und schön und spaßig. Denken Sie nur mal daran, wie schmerzhaft es sein kann, wenn man einen Zahn bekommt!

Die Wahrheit über Partnerschaft ist, dass sie einen »anderen Menschen« aus uns macht, als wir geblieben wären, wenn wir alleine weitergelebt hätten. Eine Partnerschaft aktiviert Facetten, Potenziale und Sehnsüchte in uns, die wir nur als Teil einer Partnerschaft haben und leben können. Eine Partnerschaft verändert einen Menschen. Und das soll sie auch. Wer das Gefühl hat, dass er sich in Partnerschaften immer wieder »zu seinem Nachteil« verändert, der tut gut daran, die Schuld dafür nicht beim (Ex-)Partner zu suchen: Die Veränderung ist eine Facette, die erscheint, weil man glaubt, genau so sein zu müssen als Partner. Doch wenn das weder dem Betroffenen noch dem jeweiligen Partner wirklich gefällt, warum es dann immer wieder tun?

Am dritten Tag haben die zehn Menschen in meinem Liebes-Seminar eine neue »Liste«. Auf dieser Liste steht jetzt, wie *sie* gerne sein möchten. Auf dieser Liste steht, wie sie sich gerne fühlen möchten und was sie lernen wollen und können in einer Partnerschaft. Und sie haben eine Liste, auf der sie vermerken, was sie jeden Tag tun können, um mehr und mehr dieser Mensch zu werden, der sie sein wollen. Auf ihrer Liste steht nichts mehr davon, wie der andere sein soll oder muss, damit das funktionieren kann – denn das ist ja die Überraschung. Die Stimmung bei den meisten ist euphorisch – und sie sehen alle so viel besser aus als am ersten Tag.

Die Wahrheit
über Sex

Eine Freundin erzählt mir, sie habe ihren Freund neulich erwischt, wie er sich einen Porno angeschaut hätte. Sie ist wütend, enttäuscht und verletzt. Schließlich haben die beiden regelmäßig Sex. Warum reicht ihm das nicht? Findet er sie nicht mehr schön genug? Warum schaut er sich andere Frauen an?

Ich lächle: Wenn die beiden noch Sex haben, während er sich Pornos anschaut, ist alles in Ordnung. Ich frage sie nach ihrem Lieblingsfilm.

Ich habe mal gelesen, die Sexualität von Männern würde in etwa funktionieren wie ein Lichtschalter, wohingegen die Sexualität der Frau eher der eines Flugzeug-Cockpits gleiche: Nicht nur, dass es ungleich mehr Knöpfe gäbe, es ginge auch darum, die richtigen Knöpfe zur richtigen Zeit zu drücken.

Ich finde, dieser Vergleich tut Männern wie Frauen in verschiedener Hinsicht unrecht. Männer sind nicht zwangsläufig so einfach gestrickt – und Frauen auch nicht.

Ich weiß nicht, ob es eine neue »Mode« unter den Männern ist, ob sie ihre Sexualität jetzt anders entdecken und sie dadurch auch komplexer geworden ist oder ob sie es sich nur absichtlich schwermachen, damit keiner mehr sagen kann, sie seien einfach gestrickt. Ich lerne in letzter Zeit immer mehr Männer kennen, die heftig protestieren, wenn die Rede auf die (aus meiner Sicht) luxuriöse Schlichtheit ihrer sexuellen Abläufe kommt. Da gibt es Männer, die mir verkaufen wollen, dass ihnen ein »einfacher Orgasmus« überhaupt nichts bedeute und der Sex nicht erfüllend sei, wenn die Frau keinen hätte. Manch einer behauptet sogar, er könne gar keinen Orgasmus haben, wenn sie nicht auch … Anderen ist »normaler Sex« schon lange viel zu banal, und es geht um Begegnungen der Seele und blablabla – multipler Orgasmus (bei ihm!) natürlich inklusive.

Hey, toll!, wirklich klasse, Jungs!

Aber … können wir nicht auch einfach mal nur so … vögeln aus Spaß? Einen Quickie haben auf dem Esstisch, kurz bevor das Taxi kommt, um uns abzuholen, so mit Rock hoch, und los geht's? Können wir auch einfach mal Sex haben, nur so? Ohne vorher am ganzen Körper und an jeder Stelle berührt und geküsst zu werden? Ohne dass der Mann fragt: »Magst du es, wenn ich das tue?«

Ich weiß, das klingt absurd! Jahrzehntelang haben wir Frauen alles dafür getan, den Männern zu erklären, dass sie einfühlsamer, rücksichtsvoller und zärtlicher sein sollen. Haben ihnen die Vorteile und die Wichtigkeit von Vor- und Nachspiel nähergebracht, und jetzt ist das auch wieder nicht recht.

Liebe Männer, es ist ja schön, wenn eure Sexualität ein bisschen komplexer ist als ein Lichtschalter – und das war von dem, der es behauptet hat (ein Mann), ganz bestimmt nicht böse gemeint –, aber ihr müsst es ja auch nicht gerade übertreiben. Vielleicht ist es dieses Gefühl, dass man irgendwann nicht mehr weiß, was »echt« ist und was nicht. Tut oder sagt mein Gegenüber gerade etwas, das er wirklich meint und will, oder ist es nur so, dass er denkt, dass ich das gerne so hätte. Und ja, das ist ein sehr großer Unterschied.

Ich habe die männliche Sexualität immer ein bisschen wie bei einer Dampflok erlebt. Sie ist glücklicherweise nicht sehr komplex, und meistens genügt es, ein bisschen Feuer unter dem Kessel zu machen und auf ein paar der meist recht übersichtlichen Knöpfe zu drücken, dann läuft die Sache schon. Dummerweise steigt der Druck immer höher, je heißer das Feuer brennt, und ist die Lok erst mal unter Dampf und fährt, ist sie kaum noch zu stoppen ...

Jaja, auch dieser Vergleich hinkt, ich weiß. Hey, ich bin kein Mann! Ich sehe das Ganze nur von außen.

Aber ich sehe auch das breite Grinsen vieler Männer ... und wie es ihnen vergeht, wenn ich die Sexualität einer Frau umschreibe.

Bevor Sie in das zuvor erwähnte Cockpit überhaupt reinkommen, kommt erst mal der Sicherheitscheck. Dann die Ausweiskontrolle. Dann müssen Sie diverse Passwörter kennen, die richtige Tür finden und die passende Lizenz haben ... und dann können wir vielleicht darüber reden, ob dieses Flugzeug grundsätzlich eine Starterlaubnis bekommt und Sie irgendeinen dieser Knöpfe überhaupt anfassen dürfen!

Ganz zu schweigen von den Fallen und Hindernissen, die auf so einem Weg noch unerwartet auftauchen können: Die Schatz-Höhlen-Szenen aus den Indiana-Jones-Filmen sind dagegen Kindergarten!

»Wie kommt es dann, dass auch Frauen One-Night-Stands mit quasi Fremden oder spontane Quickies haben?«, höre ich den einen oder anderen Glücklosen fragen. Ganz einfach: Weil es eine Rolle spielt, welche Fantasie die Frau bereits seit Stunden oder gar Tagen im Kopf hat und ob der jeweilige Mann in diese Fantasie hineinpasst oder es wenigstens nicht komplett versaut.

Die meisten Frauen lieben Sex – und für einen Mann, der weiß, wie es geht, würden sie fast alles tun. Warum wissen das nur so wenige Männer?

Ein wichtiger Grund ist sicherlich: weil Frauen nicht darüber reden! Oder vielleicht weil sie das Gefühl haben, dass sie zumindest nicht mit Männern oder nicht in der »Öffentlichkeit« über ihren Sex reden dürfen. Wenn, dann reden Frauen meistens nur mit anderen Frauen über Sex. Und auch da nicht mit allen – man will ja nicht wie ein Flittchen wirken.

Denn genau das hat sich offenbar bei aller »Freiheit« und aller »Gleichberechtigung« irgendwie noch nicht groß verändert. Ein Mann, der schon mit vielen Frauen geschlafen hat, ist nach wie vor ein »Frauenheld«.

Eine Frau, die schon mit vielen Männern geschlafen hat, ist immer noch eine Schlampe (und Schlimmeres), und das kommt nicht unbedingt von den Männern, so was kommt auch und vor allem von anderen Frauen. Wir möchten nicht nur, dass andere uns so nicht sehen, wir möchten uns auch selbst nicht so sehen.

(Zumindest gilt das für sehr viele Frauen.)

Doch mit den Frauen, mit denen wir reden können, reden wir über alles. Und im Gegensatz zu den eher männlichen Gesprächen über »höher, länger oder weiter« enthalten weibliche Gespräche über Sex nicht nur jede Menge Wahrheit, sondern auch jede Menge (überaus intime) Details. Die meisten besten Freundinnen wissen mehr über die Sexualität in einer Beziehung als der eigene Partner!

Da sind wir sonst so bekannt dafür, wie gesprächig wir sind, und genau da versagt an der entscheidenden Stelle unsere Kommunikationsfähigkeit. Warum nur? Oft genug wissen wir wohl einfach nicht, wie wir uns ausdrücken sollen – zumindest dem Partner gegenüber. Seinem Partner die sexuellen Wünsche mitteilen? Ja, gut …, wenn ich das nur könnte!, sagt sich so manche Frau. Oder andersherum gesagt: Vieles von dem, was uns scharfmacht, tut es doch wahrscheinlich deshalb, weil der Mann uns mit irgendwas zu irgendeinem Zeitpunkt überrascht. Weil ein Wort, eine Berührung, eine Stellung, irgendetwas uns einfach packt, uns reizt, überrascht. Wenn wir dem Mann aber vorher ganz klar sagen müssen, was wir gerne hätten – wie soll das funktionieren? Überrasch mich mal mit …!?

Es ist viel leichter, der besten Freundin zu sagen: »Ich wünsche, er würde mich mal mit … überraschen!« Und von ihr Bestätigung, einen Tipp, Details aus ihrem Intimleben oder wenigstens Mitleid zu bekommen. Oder man liest deutlich sichtbar für den Partner Bücher über die unterschiedlichen Schattierungen einer eher uninteressanten Farbe in der Hoffnung, dass er uns vielleicht darauf anspricht oder wir uns das ein oder andere herbeifantasieren können.

Sex – das ewige Thema … Schon verrückt, dass wir Menschen erst zum Mond geflogen sind und danach angefangen haben, uns damit zu beschäftigen, was uns Spaß macht und warum. Und so ist es tatsächlich erst seit einigen Jahren mehr als eine Vermutung, sondern wissenschaftlich belegbare Tatsache, dass kaum etwas von Männern und Frauen so unterschiedlich erlebt wird wie ihre Sexualität. Und was hat die Wissenschaft hier nicht alles schon erforscht!

Männer denken in der Regel mehrere Dutzend Mal pro Tag an Sex, Frauen dagegen nur etwa halb so oft – sagen sie.

Männer masturbieren häufiger. Kein Wunder, ist doch das Onanieren für Männer schon alleine aufgrund der körperbaulichen Voraussetzungen dafür so viel einfacher und handlicher, als es das für eine Frau ist.

Männer schwelgen öfter in Fantasien und malen sich spezielle Praktiken aus, sie haben auch öfter Fetische. Der Club der Windelträger beispielsweise ist ein Herrenclub. Der Himmel weiß, warum.

Frauen lassen sich von vielfältigeren erotischen Reizen erregen, sind weniger auf eine bestimmte Sache festgelegt – allerdings dauert es auch länger, bis sie überhaupt erregt sind, und offenbar bekommen sie es ziemlich oft auch gar nicht mit.

In einer kanadischen Studie konnte belegt werden, dass bei Männern die subjektive Empfindung und die körperliche Reaktion immer übereinstimmen und immer dann positiv ausfallen, wenn der Mann mit einer Szene konfrontiert wird, die seinen Vorlieben entspricht: Heterosexuelle Männer empfinden Lust und zeigen die entsprechende körperliche Reaktion, wenn sie Sex zwischen Mann und Frau sehen. Schwule Männer reagieren auf gleichgeschlechtliche Sex-Szenen.

Frauen dagegen kann man eigentlich zeigen, was man will: Ihr subjektives Empfinden richtet sich a) nach ihrer sexuellen Ausrichtung und b) nach ihrem Grad an Offenheit. Die körperlichen Reaktionen jedoch sind überaus überraschend: Ganz egal was die Frau sagte, was sie empfindet oder nicht – die Vaginalsonde, die für die kanadischen Forscher die Durchblutung der Vagina der Versuchsteilnehmerinnen maß, zeigte, dass die Vagina der Frau auf so ziemlich alles bereit ist zu reagieren: Heteros, Schwule, Lesben, Affen, völlig egal. Wenn kopuliert wird, macht die Vagina sich einsatzbereit, ganz gleich, was die Frau darüber denkt. Hauptsache, es geht ordentlich zur Sache! Je expliziter die gezeigten Inhalte waren, desto stärker war die körperlich messbare Reaktion.

Ist das vielleicht das Problem, warum selbst etwas an sich so Einfaches und Schönes wie Sex so kompliziert sein kann? Dass wir Frauen schon so lange verinnerlicht haben, dass wir in Sachen Sex immer erst mal Desinteresse vortäuschen sollten, dass wir das auch uns selbst gegenüber tun? Haben wir vielleicht so gut »gelernt«, unsere sexuellen Empfindungen zu ignorieren, dass wir die Verbindung zwischen Hirn und Höschen durchtrennt haben?

Dabei ist es für Frauen ja offenbar schon von Natur aus schwierig, guten Sex zu haben. Der Tao-Meister Mantak Chia offenbart in seinen Werken über die erotischen Geheimnisse des Taoismus, dass die Vorbereitung einer Liebesbegegnung für eine Frau sehr wichtig sei, da Frauen grundsätzlich (!) mehr Zeit brauchen als der Mann, bis sich ihre Erregung zum »Siedepunkt« oder Orgasmus gesteigert hat.

Tatsächlich gibt es aber auch zu dieser eher »spirituellen« Sicht der Taoisten Unterstützung aus der Wissenschaft. Forscher vermuten, dass die schnelle(re) Erregbarkeit der Männer ein evolutionärer Mechanismus ist. Schließlich erhöhten die männlichen Wesen, die ihre »Paarungsmöglichkeiten« äußerst rasch wahrnahmen, ihre Chance, Nachkommen zu zeugen und so ihre Gene weiterzugeben. Mit anderen Worten: Wer schneller erregt ist und schneller kommt, stirbt seltener aus und setzt sich durch.

Bei Männern reagiert bei sexuellen Reizen dieselbe Region im Gehirn, die auch bei Gefahr beteiligt ist: Der sogenannte Mandelkern, ein sehr alter Bereich unseres Gehirns, der reflexartige Reaktionen steuert. Bei Frauen ist dieser Bereich in solchen Situationen dagegen weniger aktiv. Forscher schlussfolgern, dass dies damit zu tun hat, dass Frauen ihre Erre-

160

gung besser kontrollieren, weil es für sie noch nie unbedingt vorteilhaft war, Gelegenheiten für Sex rasch zu erkennen und wahrzunehmen.

Nicht nur, dass die Gefahr einer Schwangerschaft mit Erbgut vom »Falschen« einem das ganze Leben versauen kann, schon davor fragen wir uns doch: Kann dieser Mann guten Sex? Kennt er die Passwörter, weiß er, wo die Knöpfe sind und in welcher Reihenfolge sie gedrückt werden müssen – und will er das überhaupt?

Und weil es für Frauen schwieriger ist, guten Sex zu haben, als für Männer, sind sie vorsichtiger, denn welche Frau will schon schlechten Sex? Tatsächlich gibt es auch hier eine eindeutige Tendenz: Fragt man einfach mal in eine beliebige Gruppe hinein, antworten die meisten Frauen: Lieber gar keinen Sex als schlechten. Das erklärt, warum viele Frauen so misstrauisch sind im Flirt und bei Avancen. Die Männer hingegen sagen häufiger: Lieber schlechten Sex als gar keinen bzw. als »Handbetrieb«. Das ist eigentlich auch kein Wunder.

Als Mann kannst du »ganz netten Sex« haben, auch mit einer Frau, die keine Ahnung von Sex hat, auch mit einer, die sich vielleicht noch nicht mal besonders viel Mühe gibt. Du wirst relativ sicher einen Orgasmus haben. Und auch wenn es mal nicht so toll war, war es vielleicht doch ganz okay.

Viele Männer werden schon mehr als ausreichend erregt, wenn eine Frau einfach tolle Brüste und schöne Haare hat und attraktiv ist. Das reicht für uns Frauen eben meist nicht aus, um erregt zu sein. Männer betrachten sich Bilder von nackten Frauen und werden erregt und haben direkt Fantasien – bei Frauen ist das Bild eines nackten Mannes meist nicht direkt Anlass, um in erotischen Tagträumen zu schwelgen und feuchte Höschen zu bekommen. Das ist unserem

Mandelkern egal. Wir brauchen eben einfach ein bisschen »mehr«.

Doch das »Mehr« alleine ist auch wieder keine Garantie, denn wann hatten wir mehr Freizügigkeit, mehr Erlaubnis, uns auszuleben, mehr Möglichkeiten, mehr nackte Haut in aller Öffentlichkeit als heute?

Es ist schon seltsam. In den 1980ern war es ein Riesenskandal, als die Sängerin Cher in der Familiensendung »Wetten dass …?!« in einem schwarzen Netz-Outfit auftrat, das nur ihre intimsten Körperstellen verdeckte. Heute geht Helene Fischer so nicht nur auf die Bühne, sondern vermutlich auch in den Supermarkt und sechzehnjährige Mädchen in die … na ja, sagen wir, in die Disco.

Themen und Wörter, die vor 20 oder 30 Jahren noch einen Aufschrei der Empörung verursacht hätten, sind heute in jeder Nachmittagssendung völlig normal. Wir reden offen und überall über Gruppensex, Erektions-Störungen, Fetischismus – aber keiner war dabei. Sex: Alle reden drüber, keiner hat welchen. Nie zuvor war so viel Sex in den Medien und so wenig in den Betten. Sind wir eine verklemmte Generation?

Das könnte tatsächlich sein. Sehr häufig kann man ja beobachten, dass Kinder genau das Gegenteil von dem tun oder wollen, wofür ihre Eltern stehen oder standen. Die spießigsten Eltern bekommen die revoltierendsten Kinder. Die schlimmsten Alpträume von Lehrern sind Lehrerkinder. Und wahrscheinlich funktioniert das Prinzip auch umgekehrt: Wer Ende der 60er in der Bewegung der freien Liebe unterwegs war und seine Kinder ohne Berührungsängste und Schamgefühl aufwachsen lassen wollte, hat wahrscheinlich damit unbeabsichtigt eine ganze Armada von heute total verklemmten Mittvierzigern produziert, die auf Monogamie und Kuscheln bei »Licht aus« fixiert sind.

Oder ist es ganz anders? Liegt es vielleicht an unserem immer mehr aufkeimenden Gleichmach-Wahn, an der »Genderisierung« unserer Gesellschaft? Oder ist »Gender-Mainstreaming« nur was für Intellektuelle?

Neulich, in einem meiner bevorzugten Berliner Cafés, konnte ich zufällig mit anhören, wie eine Gruppe Studenten sich darüber unterhielt – na ja, eigentlich eher aufregte –, dass einer ihrer Professoren nicht »gendern« würde. Er würde also keine Rücksicht darauf nehmen, dass auch weibliche Studierende im Saal wären, und stets männliche Ausdrücke (wie z. B. »Student«) benutzen, und das wäre doch eigentlich unerhört. Das Gespräch war insofern spannend, als dass die Stimmen der vier jungen Leute durchaus Hinweise darauf gaben, dass es eine Gruppe aus männlichen und weiblichen Studierenden war. Ich konnte sie allerdings nur von hinten sehen – und nicht feststellen, wer männlich und wer weiblich war. Als sie das Café verließen, sah ich sie das erste Mal von vorne – und bin immer noch nicht schlauer.

Vielleicht kann man jenem Professor im Grunde gar keinen Vorwurf machen.

Was Sex mit Sexismus zu tun hat

Man kann im 21. Jahrhundert nicht über Sex schreiben oder reden, ohne sich nicht auch mit Sexismus zu beschäftigen. Doch die Beschäftigung damit ist verwirrend – und manchmal auch verstörend. Noch verwirrter wurde ich, als ich versucht habe zu ergründen, was genau Sexismus denn nun eigentlich ist, wo er anfängt und was dieses »Gender« genau bedeutet.

Sexismus, so erklärt das allwissende Wikipedia, beschreibt die auf das Geschlecht bezogene Diskriminierung. Unter dem Begriff werden Geschlechterstereotype, Affekte und Verhaltensweisen gefasst, die einen ungleichen sozialen Status von Frauen und Männern zur Folge haben oder darauf hinwirken.

Und da überlege ich ein bisschen und mir fällt auf: Laut dieser Definition wäre allerdings zum Beispiel das Wort »Frauenrechte« – und auch die Forderung danach – sexistisch. Denn wenn es Frauenrechte gibt, aber im Gegensatz dazu keine »Männerrechte«, dann böte das Raum für einen ungleichen sozialen Status von Frauen und Männern. Was ich noch alles über Sexismus und seine Stilblüten herausgefunden habe, darüber könnte man ein eigenes Buch füllen. Lassen Sie es mich so sagen: Es ist im Ansatz gut gemeint – wie die meisten Dinge … und es wird oft übertrieben und wird bisweilen auch absurd. Wie die meisten Dinge.

Gender, so lerne ich, beschreibt etwas, wofür es im Deutschen gar kein eigenes Wort gibt – deshalb ja auch das englische: Im Englischen gibt es für den deutschen Begriff »Geschlecht« die beiden Wörter »sex« und »gender« – wobei »sex« das biologische Geschlecht bestimmt – also das Vorhandensein der typischen Geschlechtsmerkmale an einem Menschen, die ihn biologisch als Mann oder Frau identifizieren – und eben »gender«, was das sogenannte »soziokulturelle Geschlecht« eines Menschen definiert: ein »Konzept« eines Menschen, wie er wohl sein müsste oder sollte, weil er Männlein oder Weiblein ist.

Hier geht es also quasi um das, was wir manchmal unter »typisch Mann« oder »typisch Frau« verstehen und damit

Menschen auch in bestimmte Schubladen und Schemata pressen – nach dem Motto »eine Frau/ein Mann kann/darf/ tut so was nicht«. Aber interessiert uns das tatsächlich? Oder interessiert es uns nur an Stellen, wo man sich benachteiligt fühlt und diese Karte ausspielt, weil einem nichts Besseres einfällt, um zu »seinem Recht« zu kommen?

Es ist wirklich kompliziert – denn nie zuvor war die Bandbreite zwischen zwei Extremen so groß wie heute: Zwischen »Gleichstellungsbeauftragten« und »Germanys Next Topmodel«, zwischen »Sexismus-Debatten« und »The Bachelor«.

Während im Berliner Stadtteil Friedrichshain eine 12-köpfige Kommission darüber tagt, dass Frauen auf Werbeplakaten in ihrem Bezirk nicht mehr Rosa tragen dürfen, weil das sexistisch sei, buhlen zwölf schönheitsoperierte Nachwuchs-Sternchen mit vollem Körpereinsatz vor laufender Kamera um die Gunst und die Rose eines Möchtegern-Gigolos. Während Tausende Frauen mit dem Hashtag #Aufschrei auf die medialen Barrikaden gehen gegen Sexismus im Alltag und es in einem millionenfach geklickten YouTube-Video als »sexual harassment« bezeichnet wird, wenn in New York ein Mann auf der Straße zu einer fremden, schweigenden Frau »Hello, how are you?« sagt, regt sich kaum einer darüber auf, dass Heidi Klum heute leider kein Foto für Kandidatin Nummer 8 hat, weil die beim Shooting die »Boobies« nicht so richtig zeigen wollte. Im Gegenteil, 2,5 Millionen Menschen schauen sich die Fleischbeschau an und wundern sich offenbar nicht einmal, dass nach 10 Staffeln »GNTM« das Selbstwertgefühl junger Frauen und das Verhältnis zum eigenen Körper kaum schlechter sein könnte als aktuell.

Was wollen wir denn nun eigentlich? Wollen wir gleich sein oder unterschiedlich? Müssen wir gleich behandelt werden, auch wenn wir unterschiedlich sind, oder müssen wir versuchen, gleich zu sein, um unterschiedlich behandelt zu werden? Und welchen Sinn hat das?

Wahrscheinlich ist das schwer zu wissen, wenn wir oft genug gar nicht wissen, wer wir sind und welchen Einfluss unser Körper, unsere Hormone, unsere Erziehung, die Gesellschaft und letztlich unsere Gefühle auf uns und aufeinander haben.

Es gibt zum Beispiel immer wieder Stimmen, die behaupten, dass die Unterschiede zwischen Männern und Frauen nicht genetisch oder hormonell bedingt seien, sondern lediglich durch die Gesellschaft, die Erziehung und die Kultur entstünden. Ich glaube das, ehrlich gesagt, nicht. Natürlich wird die Art, wie wir uns sehen und was wir voneinander erwarten, was »normal« ist und »erwünscht«, durch gesellschaftliche Normen beeinflusst, doch dazu später mehr.

Es lässt sich beobachten, dass in dem Moment, in dem bei Mann und Frau die Produktion gewisser Hormone einsetzt, sich – Sozialisierung hin oder her – von ganz alleine gewisse Unterschiede ergeben, die bei aller Liebe zur Gleichstellung nicht wegzudiskutieren sind.

Neulich las ich in einem Blog, Hormone und Gene wären nicht so ausschlaggebend, schließlich würden sich die menschlichen Gene nur zu etwa 1% von denen eines Schweins unterscheiden.

Na, da kann man doch sehen, wie ausschlaggebend das tatsächlich ist: Wenn eine Veränderung von nur 1% den Unterschied zwischen Schwein und Mensch ausmacht.

Und ich weiß, was Sie jetzt denken: Auch Sie kennen jemanden, der in seinen Genen möglicherweise weniger als 1% vom Schwein entfernt ist …

Auch Menschen, die eine Geschlechtsumwandlung anstreben oder hinter sich haben, berichten von Veränderungen, die nicht nur ihre körperlichen Merkmale, sondern vor allem ihre Gefühle und auch die Wahrnehmung der Welt um sie herum betreffen. Beim Weg vom Mann zur Frau bewirkt die Gabe von Östrogen beispielsweise auch, dass bei der »Bald-Frau« mehr Tränen fließen und Gefühle viel stärker oder »dramatischer« wahrgenommen werden. Viele Menschen, die sich als Frau im falschen Körper fühlen und sich mit Testosteronbehandlungen auf eine Geschlechtsumwandlung zum Mann vorbereiten, berichten davon, dass sie sich emotional stabiler fühlen, aber dafür ständig an Sex denken müssen und am liebsten jede attraktive Frau anspringen würden. Die Sache mit den Hormonen kann also doch nicht ganz so unwichtig sein …

Meine Freundin Gabi ist mit einem Landwirt verheiratet. Sie hat mir neulich mal gezeigt, was sie von diesem Gender-Gedanken des »Gleichseins« bzw. den Unterschied nur durch Gesellschaft und Erziehung hält. Sie ging mit mir zum Stall und zeigte mir ihre Kühe. »Schau mal«, sagte sie, »hier siehst du 100 % Östrogen.« Die Kühe waren gerade von der Weide in den Stall gekommen und standen geduldig beieinander, während sie auf das allabendliche Melken warteten. Tatsächlich wirkten sie ein bisschen wie eine Runde Frauen beim Tratsch. Als ich mich der Absperrung näherte, wichen einige direkt ängstlich zurück. Meine Freundin schmunzelte und meinte: »Ja, so ist das, die kennen dich nicht, also sind sie lieber misstrauisch und vorsichtig, sollte dir doch bekannt vorkommen!? Komm mit, ich zeig dir was!« Mit diesen Worten führte sie mich in einen anderen Bereich des Stalls, in dem mich drei weitere Vertreter der Spezies Rind anstarren. Sie wirken überhaupt nicht gesellig, geschweige denn schreckhaft oder gar lieb: Es waren Bullen. Sie müssen getrennt voneinander gehalten werden, da sie sonst eine Gefahr füreinander wären, und es ist auch für die Landwirte selbst nicht ungefährlich, sich diesen Tieren zu nähern. »Ja«, schmunzelt Gabi, »und was du hier siehst, ist geballtes Testosteron. Keiner hat denen beigebracht, so zu sein. Die sind halt so!« Mehr habe sie dazu nicht zu sagen! Ich schmunzelte.

Frauen sind Kühe, und Männer sind Bullen?

Na ja, zumindest hat mich dieser Anblick nicht nur amüsiert, sondern auch nachdenklich gemacht. Bei aller Kultur und allem Intellekt von uns Menschen fließen diese beiden Hormone in unseren Adern. Und es sind offenbar auch unsere Hormone, die einen großen Einfluss auf unsere Gefühlslagen und Fähigkeiten haben. So ist es naheliegend, dass unser biologisches Geschlecht (»sex«) durch die geschlechtsabhängige Produktion von unterschiedlichen Hormonen — beispielsweise bei der Frau eben mehr Östrogen als Testosteron und beim Mann mehr Testosteron als Östrogen — auch einen Einfluss auf unser Verhältnis zu unserer Umwelt und damit unser soziokulturelles Geschlecht (»gender«) nimmt — oder ist es vielleicht sogar umgekehrt?

Denn jetzt wird es spannend.

Es gibt eine Wechselwirkung zwischen unserem Verhalten und unserer Hormonproduktion — und die ist durchaus keine Einbahnstraße!

In letzter Zeit scheint es offenbar auch eine Anti-Sexismus-Bewegung im Hormonhaushalt vieler Männer und Frauen zu geben. 2009 berichtete unter anderem *Die Welt* über eine steigende Anzahl an Männern mit niedrigem Testosteronspiegel und zitiert einen Hormonspezialisten der Uni-Klinik München:

Abgeschlagenheit, nachlassende Libido, zunehmender »Bauchspeck« – wenn diese Symptome bei Männern vorliegen, bringen Ärzte immer häufiger Testosteronmangel als mögliche Ursache ins Spiel. Galt der Mangel des wichtigsten männlichen Sexualhormons bislang vor allem als Problem des Alters, so wird er immer häufiger auch bei jüngeren Männern diagnostiziert. (…) »Es gibt nicht das eine zweifelsfreie Symptom«, sagt Schneider. Eine ganze Reihe komme in Frage, »beispielsweise eine Einschränkung des sexuellen Verlangens, verminderte Erektionsfähigkeit, ein Gefühl der Müdigkeit und Abgeschlagenheit, die Abnahme der Muskelmasse und Zunahme der Fettmasse im Körper«.

Einschränkung des sexuellen Verlangens, Müdigkeit und Abnahme der Muskel- und Zunahme der Fettmasse? Hören Sie sich mal in Ihrem Bekanntenkreis um!

Was, wenn es hier eine Wechselwirkung gibt? Was, wenn unsere Körper die Gleichstellung gerade sehr ernst nehmen und unser Hormonhaushalt dabei ist, sich anzugleichen? Ich kenne tatsächlich eine Menge durchsetzungsfähige, durchtrainierte Frauen und schweige aus Pietät über fettleibige, sexmüde Männer.

Und wieder wird es kompliziert, denn tatsächlich haben unsere Überzeugungen offenbar einen sehr viel größeren Einfluss auf uns (und unseren Hormonspiegel) als bisher angenommen. Jahrzehntelang hieß es, zu viel Testosteron im Blut sei schuld daran, dass Männer aggressiv, triebhaft und antisozial seien – so wie die Bullen meiner Nachbarn eben. Doch ganz so einfach ist es nicht. Seit kurzem rudert die Wissenschaft zurück und stellt fest, dass das männliche Sexualhormon auf die menschliche Psyche in vielfältiger Weise wirkt und vielleicht ganz anders funktioniert, als wir bisher dachten.

Dies zeigte beispielsweise eine Studie von Justin Carré von der kanadischen Nipissing University. Er führte seinen männlichen Hockeyspielern ein Video vor, das den Sieg ihrer Mannschaft zeigte, und die Testosteronkonzentration in ihrem Speichel stieg um rund ein Drittel an. Sahen sie ein Video mit neutralem Inhalt an, änderte sich der Hormonhaushalt nicht. Wenn Forscher die Menge des Botenstoffs also lediglich messen, heißt das nicht automatisch, wer mehr Testosteron hat, ist aggressiv. Höhere Testosteronwerte könnten nach dieser Untersuchung quasi die Folge von Aggressionen sein und nicht umgekehrt.

Mehrere Wissenschaftler machten in den letzten Jahren Studien über Verhaltensweisen unter dem Einfluss von Testosteron und dem »geglaubten Einfluss«. Sprich: Sie verabreichten einer Testgruppe Frauen jeweils zur Hälfte tatsächlich Testosteron und der anderen Hälfte ein Placebo mit dem Hinweis, dass es sich um ein Testosteron-Präparat handele. Bei fast allen diesen Studien zeigte sich, dass Frauen, die glaubten, unter Testosteroneinfluss zu stehen, sich überwiegend dem »aggressiven Männerklischee« entsprechend verhielten, während die Frauen, die tatsächlich Testosteron erhielten, sich fairer, sozialer und großzügiger verhielten.[1]

Es ist also nicht ganz so einfach, denn es gibt ein Wechselspiel zwischen dem, was um uns ist, dem, was wir denken und glauben, und dem, was unser Körper damit anfängt, und umgekehrt! Kompliziert? Ja, irgendwie schon, aber irgendwie auch nicht.

Grundsätzlich ist es ja absolut begrüßenswert, dass wir weniger festgelegt sind auf Rollen und Klischees. Dass wir weibliche Kfz-Mechanikerinnen und männliche Erzieher haben. Dass man seine Kinder nicht mehr in Hellblau oder Rosa kleiden muss, um eine gute Mutter zu sein. Dass auch Väter Erziehungsurlaub nehmen können. Dass niemand sich »falsch« fühlen muss, wenn er oder sie etwas mag oder gerne tut, was »eigentlich« dem anderen Geschlecht zugeordnet würde.

Es ist aber auch dusselig, dass man sich heutzutage fast schon dafür entschuldigen muss, wenn man etwas mag oder macht, was vermeintlich »typisch« ist für das eigene Geschlecht, oder dass man meint, es sei politisch korrekt und daher notwendig, seine Kinder zu Spielen zu bewegen, die dem Rollenklischee widersprechen, selbst wenn das Kind von sich aus dazu vielleicht überhaupt keine Lust zu haben scheint.

Ich habe es selbst lange Zeit vermieden, Rosa und Pink zu tragen, weil ich das »zu mädchenhaft« fand und mich nicht »wie ein Mädchen« anziehen wollte. Bis ich eines Tages feststellte, dass Rosa mir tatsächlich sehr gut steht und dass ich, auch wenn ich ganz schön tough sein kann, die Freiheit habe, ein »Mädchen« zu sein, wann immer ich möchte. Dass Emanzipation nicht bedeutet, dass ich alles, was an Weiblichkeit schön ist, ablehnen muss, sondern dass ich die Wahl habe. Jederzeit. Und dass ich mich feiern darf. Als Mensch. Als Frau. Und manchmal auch als Mädchen.

Wollen wir jetzt also wirklich so blöd sein, dass wir, anstatt dem Rollenklischee des stereotypen Verhaltens blind zu folgen, stattdessen unbedingt und schon fast zwanghaft »untypisch« sein müssen?

Müssen wir Unterschiede zwischen Männern und Frauen krampfhaft unterdrücken, wegdiskutieren oder »verbieten«, nur weil Frauen in der Vergangenheit benachteiligt waren?

Ist es nicht so schon kompliziert genug?

Natürlich könnte man jetzt sagen, dass das alles auf lange Sicht viele Vorteile haben wird.

Mir fällt allerdings auch ein Nachteil ein: Diese beiden Hormone Testosteron und Östrogen sind sehr wichtig für unsere Fortpflanzung. Wenn einem Mann Testosteron fehlt, wird nicht nur seine Haut schlapp ... und wenn eine Frau statt Östrogen mehr und mehr Testosteron produziert, weil sie der bessere Mann sein möchte, führt das nicht gerade zu gesteigerter Empfängnisbereitschaft.

Ich sehe da gerade ein ganz übles Szenario, aber ein ganz unsexistisches. Immerhin.

Dann kommen unsere Nachfahren eben aus dem Reagenzglas. Ist eh viel hygienischer.

Die Wahrheit ist: Sexismus im Beruf und in der Gesetzgebung ist Mist, egal ob er sich gegen Männer, Frauen oder Transsexuelle richtet. Doch wenn wir anfangen, uns in allen Bereichen »unsexistisch« zu verhalten, wenn Männer und Frauen in allen Bereichen gleich sein möchten oder müssen, dann verlieren wir alles, was uns bisher aneinander gereizt hat.

Die Wahrheit ist: Sex an sich ist sexistisch – und das ist auch gut so.

Die Wahrheit ist: Sex ist für Frauen mindestens genauso wichtig wie für Männer, wahrscheinlich sogar noch wichtiger, warum sonst würden wir uns so viele Gedanken darum machen? Und wenn es ohnehin schon schwerer ist, guten Sex zu haben, dann sollten wir es doch nicht noch komplizierter machen.

Es gibt noch einen Grund, warum wir unsere Sexualität so unterschiedlich erleben, und wer den verstanden hat, kann vieles an seinem Partner oder am anderen Geschlecht besser verstehen. Es mag genetische, hormonelle oder auch soziale Hintergründe haben, aber für die meisten Männer besteht Sex zu etwa drei Vierteln aus Spaß, Entspannung und körperlichem Wohlgefühl und nur zu etwa einem Viertel aus Intimität, Nähe und Emotion.

Bei Frauen ist es genau andersherum. Gerade das, was Frauen zum Orgasmus bringt und ihnen am Sex Spaß bereitet, sind die Emotionen – das muss keinesfalls immer Liebe sein –, es kann auch Abenteuerlust sein, aber machen wir uns einfach klar: Wenn eine Frau Sex mit einem Mann haben soll, dann will sie das nur, wenn der Mann so wirkt, als könne er ihr etwas geben, als wäre er jemand, der dazu in der Lage ist, dass sie wirklich die Emotionen beim Sex erlebt, auf die sie aus ist. Dann geht das auch ohne Liebe und Beziehung. Oder sie ist eben einfach sehr, sehr verliebt in diesen Mann, und es ist die Nähe und die Intimität zu ihm, die ihr den Kick gibt.

Während eine Frau nach einer sexuellen Begegnung darüber reden würde, wie es dazu kam, was sie gedacht, gefühlt und erwartet hat, was möglicherweise danach kommen könnte und so weiter und so weiter, ist es für die meisten Männer eher klar, worauf der Fokus liegt. Auf dem »Wesentlichen« eben. Genau das spiegelt sich ja auch wider in der Art Filme, die Männer und Frauen am liebsten ohneeinander schauen.

Während Frauen (und ich kenne einige, die machen das tatsächlich heimlich!) sich hingezogen fühlen zu Beziehungsgeschichten unterschiedlicher Art: Daily Soaps, Romantik-Komödien, Rosamunde Pilcher, Wanderhuren-Abenteuer, Historien-Schnulzen und Liebesfilme, zieht es die Männer zu »Liebesfilmen« hin, bei denen die Beziehungsgeschichte eher kurz gehalten wird, bevor es zum Wesentlichen kommt.

Natürlich gibt es auch hier, genau wie bei den Frauen, unterschiedliche Vorlieben.

Ich weiß, dass es Frauen gibt, die sehr empört darüber sind, wenn sie mitkriegen, dass ihr Mann sich heimlich die männliche Variante der Liebesfilme anschaut, und dass sie sogar schlussfolgern, dass es etwas mit ihnen oder dem Stand der Beziehung zu tun hätte. Ich kann sie völlig beruhigen. Der Mann schaut sich diese Filme aus den von ihm gewünschten drei Vierteln Spaß, Entspannung und Wohlgefühl an, nicht etwa aus der Sehnsucht nach Intimität und Nähe.

Stellen Sie sich mal die umgekehrte Situation vor. Stellen Sie sich vor, wie eine Frau sich einen Liebesfilm ansieht oder ein entsprechendes Buch liest und der Mann hereinkommt und völlig ausflippt: »Warum schaust du dir so was an? Bin ich dir nicht mehr gut genug? Sind dir die Gespräche, die wir führen, nichts mehr wert? Welche Nähe und Intimität kann dieser blöde Schauspieler dir vermitteln, die ich dir nicht geben kann? Warum musst du anderen dabei zuschauen, wie sie Gefühle füreinander entwickeln? Reicht dir unsere Beziehung nicht mehr?«

Hat was … hat aber auch eine wichtige Erkenntnis im Gepäck: Bei Frauen muss die Beziehung stimmen, damit sie Lust auf Sex bekommt. Muss bei Männern demnach der Sex stimmen, damit er Lust auf Beziehung bekommt? Oder ist es doch andersherum?

Die Wahrheit über Sex ist, dass bei aller Unterschiedlichkeit Männer und Frauen diese eine Sache gemeinsam haben: Wir möchten angenommen werden. Wir wünschen uns einen Sexualpartner, der uns das Gefühl gibt, in Ordnung zu sein – sowohl körperlich als auch in unseren Wünschen und Bedürfnissen. Und genau da ist der Punkt, warum die Sexualität in manchen Beziehungen nicht gut funktioniert: wenn wir das Gefühl haben, nicht in Ordnung zu sein oder den Partner und seine Bedürfnisse ablehnen.

Die Wahrheit über Sex ist nämlich auch, dass er neben den Funktionen »Lust« und »Fortpflanzung« auch die Funktion der Kommunikation hat. Sexuell unglückliche Paare haben oft nicht nur ein Problem mit der Lust, sondern auch mit der Kommunikation. In Sachen Sexualität sind wir offenbar häufig noch nicht so weit entfernt von der Generation unserer Großeltern, wie wir glauben: Viele Männer, die Lust auf Sex haben, haben das Gefühl, dass sie ihre Partnerin (oder jede andere Frau) irgendwie dazu »überreden« müssten bzw. sie drängen nach dem Motto »Komm, lass mich ran!«. Die jeweilige Frau fühlt sich in solchen Momenten unter Druck gesetzt und als ob sie benutzt werden soll. Schließlich kann Sex auch etwas für sie tun – aber darum geht es ihm offenbar gar nicht. Es hat also nichts mit ihr zu tun – er begehrt nicht sie. Er will sie und ihre Bedürfnisse nicht anerkennen, sondern nur seine an ihr befriedigen. Also macht sie dicht. Er fühlt sich abgelehnt und sieht nicht, was er falsch gemacht hat … und geht vielleicht woanders hin.

All das müsste gar nicht sein, würden wir uns ein bisschen mehr Mühe geben, unsere unterschiedlichen Herangehensweisen an Sex besser zu verstehen. Sex kann die intimste Form von Kommunikation sein, die zwei Menschen betreiben können, um ihr Grundbedürfnis nach »Angenommensein« erfüllen zu können.

Wie sagt man so schön? Wenn der Sex in einer Beziehung stimmt, dann macht das 10% der Beziehung aus, wenn er nicht stimmt, macht es 90% aus. Wahrscheinlich liegt das aber auch daran, dass wir immer das am meisten betrachten und ersehnen, was wir gerade nicht haben oder haben können. Wenn eine Frau möchte, dass der Mann Nähe zu ihr zulässt, dann geht das am besten über Sex. Nach dem Sex geht auch Reden und Nähe. Wenn ein Mann möchte, dass eine Frau mit ihm Sex hat, dann geht das am besten über Nähe. Nach dem Reden geht auch Sex.

Die Wahrheit ist: Für Frauen hat irgendwie alles einen Bezug zur Beziehung. Jedes Wort, jede Geste, jeder Blick. Fühlen wir uns schön, begehrt und geliebt von einem Mann, den wir respektieren, wertschätzen und sexy finden, bekommen wir auch Lust auf Sex. Für eine Frau beginnt das Vorspiel nicht erst, wenn sie ins Bett kommt, sondern schon viele Stunden früher. Insofern stimmt es, dass wir »länger brauchen«: Wir fangen einfach gerne schon viel früher an …

Die Wahrheit ist: Ein Mann vom Typ, wie Johnny Depp ihn als »Don Juan de Marco« im gleichnamigen Film verkörpert – der weiß, wo er uns berühren muss, der sich nicht abschrecken lässt von unserer »aufgeräumten«, sachlichen, abweisenden, misstrauischen Schale – der macht uns nervös und bringt uns aus der Fassung. Und eigentlich ist es doch genau das, was wir wollen: aus der Fassung geraten. Ein Mann, der weiß, dass unter dieser Schale eine Frau steckt, die sich danach sehnt, dass man sie zum (Zitat) »Erblühen« bringt (oder um es in Männersprache zu sagen: dass man es ihr besorgt, dass ihr Hören und Sehen vergehen), dann wird er sehr erfolgreich sein.

Alle großen Verführer der Geschichte – egal ob in der Antike oder in der Neuzeit –, hatten eins gemeinsam: Sie haben die Frauen als solche geliebt. Sie waren begeistert von Frauen und fasziniert von ihnen, und sie wollten unbedingt, dass diese Frauen »erblühen«, dass sie schreien vor Lust und Entzücken und viel, viel Spaß mit ihnen haben – und genau das hat sie so erfolgreich gemacht.

Die Wahrheit ist, dass Frauen schon immer großartige Verführerinnen waren und oft genug auch sein mussten. In einer Welt, die über Jahrhunderte von Männern beherrscht wurde, war die Verführung eine der cleversten Methoden, Macht zu erlangen. Und bis heute ist es oft genug auch ein Machtspiel, wenn eine Frau eine allzu offensichtliche Verführerin ist.

Die Wahrheit ist: Frauen haben die Tendenz, immer wieder zu versuchen, den Mann als »den Schuldigen«, den bösen Buben hinzustellen, der sie verführt und überredet hat. Während sie – unschuldig wie immer – sich haben verführen und überreden lassen. In Wahrheit ist das ein abgekartetes Spiel, das kein Mann allzu ernst nehmen sollte.

Die Wahrheit über Sex ist, dass es neben seiner biologischen Aufgabe der Arterhaltung das wohl Vergnüglichste ist, was zwei Menschen miteinander anfangen können, auch wenn sie von Natur aus eher unterschiedliche Herangehensweisen oder Prioritäten haben. Wenn es gelingt, in einer Partnerschaft beim Sex Intimität + Nähe mit Spaß + Entspannung zu verbinden, können beide Partner davon gleichermaßen profitieren.

Der Lieblingsfilm meiner Freundin ist »Titanic«. Beim Porno ist wenigstens keiner ersoffen.

Die Wahrheit
über Kinder

Meine Tochter ist sehr anstrengend und in ihrem Wesen kompliziert«, sagt die Freundin einer Bekannten neulich bei einem Treffen, bei dem ich zufällig dabei bin. »Na ja«, ergänzt sie, »sie ist in der Pubertät.« Die Tochter ist 10. Das erscheint mir ein bisschen früh für die Pubertät, aber ich will mich nicht einmischen.

Dies wird ein kurzes Kapitel, denn ich kann nur über Dinge schreiben, von denen ich etwas verstehe, weil ich mich lange damit auseinandersetzen und sie »erforschen« konnte. Da ich selbst keine Kinder bekommen habe, werde ich niemals wissen, wie es ist, eine Mutter zu sein. Ich werde meinen Partner nie als Vater erleben und uns beide zusammen nie in der Dynamik als Eltern. Dennoch kann ich aus den Erfahrungen als Coach einiges sagen, was möglicherweise trotz meiner »subjektiven Inkompetenz« hilfreich sein kann.

An meinem Besprechungstisch sitzt ein neuer Klient. Er hat sich vor rund einem Jahr von seiner Frau getrennt und sucht nun nach einer neuen Partnerin. Da es jetzt, mit 38, deutlich schwieriger geworden zu sein scheint als damals, mit 26, als er seine Ex-Frau kennenlernte, sucht er Hilfe bei mir. Woran ist seine Partnerschaft gescheitert? Die Kinder. Sie haben zwei Kinder, und seine Frau hat sich so verändert, alles ist so schwierig geworden. Sie waren kein Liebespaar mehr, haben nur noch gestritten. Sich entliebt. Wenn sie keine Kinder bekommen hätten, sagt mein Klient, wären sie bestimmt noch zusammen. Ich sage dazu nichts. Ich erwähne nicht, dass die Klientin, die vor ihm bei mir war, von einem ähnlichen Trennungsschicksal berichtete und ähnliche Sätze sagte. Nur einige Worte waren anders. Ihr Fazit lautete: Wenn wir Kinder bekommen hätten, wären wir bestimmt noch zusammen.

Und das eine wie das andere habe ich schon Hunderte Male gehört. Es bringt mich zu dem Schluss, dass es jedes Mal, wenn es gesagt wird, totaler Bullshit ist.

 **Es geht nicht darum, ob ein Paar Kinder bekommt oder nicht. Es geht darum, wie sie mit der jeweiligen Situation umgehen.**

Ob sie sich dafür gegenseitig verantwortlich machen: verantwortlich für ihre Enttäuschung, wenn es nicht so ist oder kommt, wie sie es sich gewünscht hatten; verantwortlich für den Stress, den sie haben, und die Folgen, mit denen keiner gerechnet hat.

Ein Kind unbedingt und zu einem bestimmten Zeitpunkt bekommen zu wollen kann eine Lawine an Maßnahmen in Gang setzen, die bei sehr vielen Beziehungen dazu führen, dass Sex kein Akt der Liebe, der Nähe, der Entspannung und der Intimität, verbunden mit Spaß, mehr ist, sondern eine »Pflichtübung« nach Terminkalender. Die Sexualität wird vollkommen »ent-romantisiert« und »ent-erotisiert«. Klappt es selbst dann nicht, ist die Enttäuschung der beiden Partner meist sehr groß, und es fehlt zusätzlich an Zusammenhalt durch den Verlust der Erotik und Romantik. Klappt es irgendwann und das Paar versäumt, die Intimität und Liebe wieder in die Sexualität zu integrieren, wird aus den beiden Menschen nur noch schwerlich wieder ein Liebespaar mit Kind. Zumal spätestens mit der Geburt eine starke Verlagerung der Aufmerksamkeit und eine Veränderung der Rollenbilder und damit der Wahrnehmung voneinander stattfindet.

Ein Kind zu bekommen bringt eine dritte Person in die Beziehung und verändert damit alles. Es ist gewissermaßen plötzlich eine »Dreiecks-Beziehung« mit einem Menschen, den man a) selbst gemacht hat und der einem b) alles abverlangt.

Mit anderen Worten: Es ist mal wieder kompliziert.

In dem Moment, in dem aus einem Paar Eltern werden, gibt es neue Rollen, und diese Rollen können so anforderungsintensiv sein, dass man sich darin verliert. In vielen Partnerschaften mit Kindern leidet mindestens einer darunter, dass der andere mit diesen neuen Rollen entweder nicht zurechtkommt oder keine andere mehr annehmen kann: Frauen, die plötzlich nur noch Mütter sind und den Weg zur Partnerin, Freundin und Geliebten nicht mehr finden können oder wollen, genau wie Väter, die mit ihrer Vaterrolle nicht klarkommen und keine Beziehung zu ihrem eigenen Kind aufbauen können oder wollen. Aber auch genau andersherum: Mütter, die sich nicht so fühlen, wie sie es erwartet haben, und Väter, die nur noch Augen für den Nachwuchs haben anstatt für ihre Partnerin. Und all das lässt sich nicht planen oder vorhersagen.

 Was ich in meiner Praxis allerdings immer wieder feststelle: Ein Kind ist wie ein Multiplikator für alles, was in einer Beziehung gut oder schlecht läuft.

Gab es in der Beziehung vorher bereits Probleme, die immer wieder auftauchten und von den beiden Partnern nicht gelöst werden konnten oder wollten, werden genau diese Probleme mit der Geburt des »dritten Partners« noch schlimmer.

Es ist daher selten eine gute Idee, ein Kind als »Beziehungskitt« zu bekommen – denn alles, was in der Beziehung nicht funktioniert, wird noch weniger funktionieren, wenn man übermüdet und ausgelaugt in der neuen Rolle steckt.

Die Wahrheit über Kinder ist: Sie sind etwas Wunderbares, aber sie sind genauso wenig wie ein Partner dafür da, einen glücklich zu machen. Ganz im Gegenteil: Kinder bringen uns an unsere Grenzen.

Die Wahrheit über Kinder ist: Noch besser, als ein Partner es je könnte, zeigen sie dir, was du von dir nicht wissen willst. Ich habe in den letzten Jahren unzählige Fälle von Kindern erlebt, die auf irgendeine Art Schwierigkeiten hatten oder selbst als »Problemfälle« galten. In jedem einzelnen Fall hatten die Probleme oder Schwierigkeiten des Kindes mit Problemen, Schwierigkeiten, Ängsten oder Charaktereigenschaften mindestens eines Elternteils zu tun, der diese verdrängte. Manchmal spielte sich in einem Kind das gesamte Drama der Beziehung der Eltern zueinander ab. Kinder sind wie »Spiegel des Unbewussten« – alles, was im Verborgenen läuft und nicht an- oder ausgesprochen wird, kann vom Unterbewusstsein eines Kindes aufgenommen und dargestellt werden.

Ihr Kind hat Probleme?

Seien Sie ehrlich zu sich, und sehen Sie die Botschaft dahinter. Es ist eine große Chance, Ihre eigenen unbearbeiteten Themen endlich anzuschauen und Ihrem Kind nicht das Leben zu versauen.

Ihre Beziehung hat Probleme?

Kriegen Sie die in den Griff – und keine Kinder.

Sie wissen nicht, wo das Problem in Ihrer Beziehung ist? Kaufen Sie sich einen Hund. Das wirkt fast genauso gut, ohne dass man gleich einen neuen Menschen auf die Welt loslassen muss.

Die pubertierende zehnjährige Tochter der Freundin meiner Bekannten lerne ich ein paar Wochen später zufällig kennen: Sie ist äußerst reizend. Im Gegensatz zu ihrer Mutter finde ich sie weder anstrengend noch kompliziert. Aber das ist wahrscheinlich auch eine Frage der Perspektive.

Die Wahrheit über Eifersucht und Treue

Eifersucht gehört zu einer guten Beziehung dazu«, sagte neulich ein Psychologe zu mir, »denn es zeigt an, wen man dabeihaben will und wen nicht.« Ich weiß, ehrlich gesagt, ziemlich genau, wen ich in meiner Ehe dabeihaben will und wen nicht. Dafür muss ich nicht eifersüchtig sein.

Eifersucht und Treue sind zwei Dinge, die irgendwie zusammengehören – aber wie? Wie eifersüchtig darf man sein? Wo fängt Eifersucht an? Wo hört Treue auf? Was genau ist das überhaupt?

Ich erinnere mich an ein Partnerportal im Internet, bei dem man ganz nach Belieben eine Reihe von Fragen beantworten konnte, um dem potenziellen Partner etwas mehr über sich preiszugeben. In dem Portal war es möglich, sowohl als »echter Single« als auch als »bereits Vergebene/-r« nach »Partnern« und »Abenteuern« Ausschau zu halten. Eine der ersten Fragen dieses Katalogs war, ob Treue wichtig sei. Ich finde es nach wie vor faszinierend, wie viele gebundene Männer auf der Suche nach einem »Abenteuer« diese Frage überhaupt und dann auch noch sinngemäß mit »Treue ist mir sehr wichtig« beantwortet haben.

Die Eifersucht ist ein sehr tiefsitzendes, menschliches Gefühl, das nicht nur schwer auszuhalten ist, sondern auch zwischen zwei Menschen viel zerstören kann. Unsere Mittel, der Eifersucht möglichst wenig Raum zu geben, ist das Prinzip der Treue. Vermutlich ist die Idee der monogamen Beziehung einzig und allein daraus entstanden, dass irgendjemand dachte, wenn zwei Menschen sich die gegenseitige Treue versprechen, dann braucht keiner mehr eifersüchtig zu sein.

Schade, dass das nicht funktioniert. Und warum nicht? Weil wir offenbar gerade dem, den wir am meisten lieben, am wenigsten glauben. Zumindest, wenn es um die Treue geht.

Mein erster Partner war eifersüchtig. Berufsbedingt musste er am Wochenende oft arbeiten und wollte mir verbieten, alleine oder mit Freundinnen auszugehen. Ich war 18, und mir etwas zu verbieten war keine gute Idee. Vielleicht hatte er längst bemerkt, was ich noch nicht so deutlich sah, und wollte verhindern, dass ich es entdecken würde: Es gab noch so viel zu erleben auf dieser Welt und so viel kennenzulernen – natürlich auch Männer, aber auch alles andere. Wahrscheinlich fühlte er sich bedroht von all diesen Dingen, die ich erleben könnte, weil er eigentlich gerne mit mir alleine geblieben wäre und bereits ahnte, dass mir das auf Dauer nicht genügen würde.

Seine »Verbote« erreichten natürlich genau das Gegenteil von dem, was er sich erhoffte: Je mehr er versuchte, mich von der »großen Welt« fernzuhalten, umso interessanter wurde sie. Seine Eifersucht – getrieben aus der Angst, mich zu verlieren – sorgte nur dafür, dass ich noch schneller weg war, als ich es wohl ohnehin gewesen wäre, weil ich mich jeden Tag unwohler fühlte mit einem Partner, der mir mehr verbieten wollte, als meine Eltern es die Jahre davor versucht hatten.

Mein zweiter Partner war eifersüchtig: Wir führten drei Jahre eine Fernbeziehung zwischen Hamburg und Frankfurt – oder wo immer er gerade ein Projekt als Unternehmensberater hatte. Wenn er in einer Beziehung sei, dann gäbe es für ihn nur diese eine Frau, da würde er keine andere anschauen, sagte er.

Ich fand das ein bisschen übertrieben, aber da ich vorher einen Mann kennengelernt hatte, der ständig in alle Richtungen geschaut hatte, kam mir dieser Treuewunsch ganz gelegen.

»Wenn ich erfahren würde, dass du einen anderen geküsst hättest, dann wäre Schluss«, sagte er.

Küssen fand ich jetzt persönlich nicht so dramatisch. Dass man irgendwo mal in guter Laune bei ausgelassener Stimmung küssen würde – das konnte ich mir schon vorstellen, und ich wunderte mich darüber, dass er so schnell eine Beziehung »sausenlassen« würde, die man mit so viel Aufwand betrieb: Die vielen abendlichen Telefonate (die damals auch noch richtig teuer waren), die abwechselnden Fahrten an fast jedem Wochenende ... da musste die Liebe doch eigentlich groß sein, wenn zwei Menschen all das auf sich nahmen. Und doch würde ein einziger Kuss all das zerstören können?

Ich fand es seltsam – aber ich machte mir keine weiteren Gedanken darüber. Sollte ich versehentlich oder absichtlich mal jemanden küssen, der nicht er war, könnte ich darüber immer noch nachdenken. Nach drei Jahren zogen wir zusammen. Ein Jahr später verließ er mich. Von heute auf morgen. Er hatte eine Kollegin geküsst. Und sich verliebt. Ach so.

An diesem Beispiel kann man ganz gut erkennen, dass der Grund der Eifersucht nicht im grundsätzlichen Misstrauen gegenüber dem Partner begründet ist, sondern oft auch einfach von sich auf andere geschlossen wird.

Eifersucht hat viele Gesichter – und die meisten davon sind hässlich.

Wahrscheinlich suchen wir deshalb immer so viele Ausreden, Rechtfertigungen und Gründe dafür. Und wahrscheinlich haben wir uns deshalb die Treue als Prinzip der Liebe ausgedacht – damit es möglichst gar nicht zur Eifersucht kommt. Doch fangen wir ganz vorne an: Warum sind wir eigentlich eifersüchtig?

Eifersucht ist ein ziemlich normales Gefühl, das alle Menschen in unterschiedlichen Ausprägungen schon als Kind erleben. Die Eifersucht auf Geschwister, wenn sie (vermeintlich) bevorzugt werden, weil es in den Augen des Kindes so wirkt, als ob es selbst dadurch benachteiligt wird. Die Eifersucht auf einen Elternteil, weil man den von einem selbst mehr geliebten Elternteil mit dem anderen teilen muss. Noch schlimmer wird das oft, wenn die Eltern sich trennen und ein neuer Partner ins Spiel kommt, mit dem man plötzlich den Elternteil »teilen« muss.

Der Irrtum, dem wir hier erliegen, gründet darauf, dass der Mensch offenbar von Natur aus glaubt, dass Liebe ein begrenztes Gut sei. Viele meiner Klienten erzählen mir Geschichten aus solchen Konstellationen und versuchen damit zu erklären, warum sie nicht genug »Liebe bekommen« haben.

Vielleicht haben wir nicht genug Aufmerksamkeit bekommen – und auch das ist fast immer ein Trugschluss:

 Als Kinder sind wir kleine selbstbezogene, narzisstische Arschlöcher.

Wir glauben tatsächlich, uns (und nur uns allein!) stünde die volle Aufmerksamkeit der Person zu, die wir als Bezugsperson unserer Wahl erkoren haben. Und … diese Person darf außer uns niemanden sonst lieben und sollte, wenn möglich, außer uns auch keine anderen Hobbys haben. Es sei denn natürlich, wir möchten gerade unsere Ruhe oder unsere Freiheit haben … dann möge die Person sich dezent zurückziehen, um auch aus der Ferne genau den Moment zu erkennen, wo sie wieder gebraucht wird.

Natürlich klingt das jetzt extrem übertrieben und auch ein wenig »geistesgestört« – aber als Kinder funktionieren wir ungefähr genau so. Das hat in erster Linie damit zu tun, dass wir uns als Kinder für den Nabel der Welt halten. Wir kennen noch nicht den Unterschied zwischen dem »Ich« und dem »Du«. Für uns ist alles »Ich« – alles hat mit uns zu tun, und andere Menschen existieren nur in der Form, dass sie uns entweder helfen oder im Weg sind. Jeder andere ist somit nur so etwas wie die »Verlängerung des eigenen Ich« und sollte demnach genau so funktionieren, wie wir es brauchen und für richtig halten. Für ein Kind ist das völlig normal – wenn ein Erwachsener sich immer noch so verhält und so denkt, nennt man das übrigens »narzisstische Persönlichkeitsstörung«.

So ist es demnach kein Wunder, dass Eltern auch in ihrer größten Bemühung alles, aber auch wirklich alles falsch machen können. Und dass wir es leicht haben, die Geschichte davon zu erzählen, dass wir als Kinder nicht genug geliebt wurden oder nicht genug Aufmerksamkeit bekommen haben (oder uns im entgegengesetzten Fall als überbehütet empfanden, wenn der Erwachsene sich nicht in Luft aufgelöst hat, wenn wir es uns gewünscht haben).

Doch Liebe ist und bleibt nun mal ein Gefühl, keine Ware. Wir können Liebe nicht bekommen oder geben, wir können sie nur fühlen. Und jeder, der oben Beschriebenes einmal erlebt zu haben glaubt, kann jetzt lernen, was für ein egoistischer kleiner Mistkäfer er in seinen ersten frühen Jahren gewesen sein muss, dass er von allen Menschen um sich herum erwartet hat, dass sie einzig und allein dafür da sein sollten, es ihm (oder ihr) recht zu machen.

Und es kommt ja meistens noch besser: Wir erwarten ja nicht nur die volle Erfüllung unserer Bedürfnisse, wir erwarten meist noch, dass diese Person ihre Bedürfnisse nur von uns erfüllt haben darf. Gerade bei Kindern kann man sehr häufig feststellen, dass sie es nicht mögen, wenn die Eltern an etwas anderem Spaß haben als an ihnen. Und auch das können wir bei Eifersucht an Erwachsenen wiedererkennen.

Es ist schon verrückt, dass wir offenbar einer Person, von der wir behaupten, dass wir sie lieben, keinen Spaß, keine Freude und kein Gefühl der Liebe und des Geliebtwerdens gönnen, wenn es nicht direkt mit uns zu tun hat. Und da ist es völlig egal, ob wir jetzt von einem Verhältnis zwischen Kind und Mutter oder einem »Liebespaar« sprechen.

Hat der andere Spaß, oder liebt er noch jemand anderen als mich, könnte ich zu kurz kommen. Was ist das für ein kranker Gedanke? Woher kommt er?

Er kommt wohl tatsächlich aus der Angst, dass die Bezugsperson an jemand anderem oder etwas anderem so viel mehr Spaß haben könnte als an einem selbst, dass sie einen irgendwann vergisst, verlässt, vernachlässigt. Für ein Kind tatsächlich eine reale Bedrohung und demnach durchaus nachvollziehbar.

Doch beobachte ich dieses Verhalten auch immer wieder an (vermeintlich) Erwachsenen – die sich benehmen wie verzogene Fünfjährige – schreien und toben – wenn der Partner es wagt, auch nur ein Lächeln einer anderen Person wahrzunehmen und gar zu erwidern.

Das hat nicht nur mit der kindlich geprägten Angst zu tun, vergessen oder vernachlässigt zu werden, sondern auch damit, dass wir uns am sichersten zu fühlen scheinen, wenn wir uns mit unserem »Partner« in einem Abhängigkeitsverhältnis befinden: Wenn wir einander brauchen, dann ist die Beziehung sicher(er). Viele Menschen haben den anerzogenen Leistungsgedanken so verinnerlicht, dass sie niemandem trauen, der sie mag, ohne dass sie etwas für ihn tun. Und so wünscht man sich, dass der Partner einen braucht, um glücklich zu sein. Ist der Partner aber auch einfach mal so oder gar mit anderen glücklich, fühlt sich der Partner mit dem Minderwertigkeitskomplex direkt bedroht.

Bei manchen Menschen geht die Eifersucht so weit, dass sie nicht nur auf andere Menschen bezogen ist, sondern auch auf Hobbys, den Beruf, eine Leidenschaft, die der Partner hat und genießt. Ganz egal ob er zum Angeln, Fußball, Autorennen, Motorradfahren, Computerspielen, Basteln oder einfach mit Freunden etwas trinken geht: Sie nölt und nörgelt und fragt, ob das »schon wieder« sein müsse und wann er denn wieder da wäre. Und wenn »sie« nach dem Yoga noch was trinken gehen möchte, alleine einen Tanzkurs beginnt, weil er keine Lust hat, oder sich einmal im Monat mit ihren Mädels trifft, macht er ein Gesicht wie sieben Tage Regenwetter, tut so, als ob er sich noch nie selbst ein Brot geschmiert hätte, stellt sich schlafend, wenn sie nach Hause kommt, und ist drei Tage wortkarg. Das wäre immerhin ein bisschen besser als das ebenfalls bekannte Modell des Cholerikers, der entweder ab einer gewissen Uhrzeit im 20-Minuten-Rhythmus anruft oder zu Hause die halbe Nacht herumschreit, wie vernachlässigt er/sie sich fühlt.

Falls Sie sich in einem dieser Typen auch nur im Entferntesten wiedererkennen, überlegen Sie mal: Ihr Partner freut sich auf etwas, woran er Spaß hat, und das Letzte, was er hört, bevor er losgeht, ist Genörgel, oder es ist das Erste, was er zu erwarten hat bei der Heimkehr. Wie gerne kommt dieser Mensch tatsächlich wieder nach Hause, wenn er weiß, dort wartet jemand, der ihm Schuldgefühle machen will, der nörgelt, meckert, unzufrieden oder gar gefühlskalt und ablehnend ist. Also ich würde mich in so einer Situation nicht danach sehnen, möglichst bald nach Hause zu gehen – ich würde so lange wie möglich wegbleiben!

Bei einem Partner, der mir ständig Schuldgefühle machen möchte, der mir immer wieder zeigt und zu verstehen gibt, dass er Angst hat, dass ich jemand anderen besser finden könnte als ihn, würde ich mich früher oder später fragen: Wie kommt dieser Mensch eigentlich auf die Idee? Vielleicht gibt es da draußen ja tatsächlich noch welche, die besser sind und die ich nicht entdecken soll? Wovon versucht er mich fernzuhalten? Und in diesem Fall ist es ja auch eigentlich gar nicht so schwierig, besser zu sein als dieser eifersüchtige Partner: Jeder Mensch, der einfach nett ist, einen zum Lachen bringt und einem keine Schuldgefühle einreden will, wirkt doch in diesem Moment unglaublich attraktiv!

Noch aufregender wird es, wenn der Partner nicht nur eifersüchtig ist, wenn man Spaß hat oder »gut gefunden« wird, sondern auch dann, wenn man Erfolg hat. Es brächte jetzt wenig, einen Menschen zu analysieren, der seinem Partner keinen Erfolg gönnt, denn in einer solchen Situation gibt es für den Betroffenen, der unter einem solchen Partner leidet, eine viel wichtigere Wahrheit zu erkennen.

Die Wahrheit ist, dass wir uns letztlich unsere Partner selbst aussuchen. Und wir suchen uns immer den Partner, den wir »brauchen«. Ein Partner, der uns die Hölle heißmacht, wenn wir eigentlich etwas zu feiern hätten, der zeigt letztlich nur, dass wir ihn perfekt danach ausgewählt haben, dass er unsere eigene Angst vor Erfolg und Größe manifestieren kann.

Wer würde bei einem Partner bleiben, der eigentlich ein Gegner ist, wenn man diesen Gegner nicht einfach so gut gebrauchen könnte? Solange er (oder sie) gegen meinen Erfolg ist, brauche ich es nicht selbst zu sein. Ich muss mich nicht wagen, wahre Größe zu zeigen, etwas zu riskieren, für mich einzustehen, einen Sprung nach vorne zu machen, denn ich kann mich bequem zurücklehnen und sagen: Mein Partner ist so eifersüchtig und würde mir das sowieso nicht gönnen, oder einfach: Er/sie lässt mich ja nicht.

Wer einen Menschen liebt, der darf sich fragen: Was meine ich, wenn ich sage: »Ich liebe dich«?

Meine ich damit: »Ich will, dass du mir endlich all die Aufmerksamkeit und Geborgenheit gibst, die ich mir von meiner Mutter/meinem Vater gewünscht – aber nicht bekommen habe, weil er/sie noch etwas anderes im Leben zu tun hatte!«?

Meine ich: »Ich will dich ganz für mich allein, und du sollst dich fortan nur noch mit und bei mir wohl fühlen und amüsieren. Anderer Spaß ist ab sofort tabu«?

Oder meine ich: »Du bist ein ganz besonderer Mensch für mich, und ich will alles in meiner Macht Stehende tun, dass es dir gutgeht – auch auf die Gefahr hin, dass das nicht immer etwas mit mir zu tun hat«?

Die Wahrheit ist, dass wir Eifersucht oft genug benutzen, um unseren Partner zu kontrollieren. Aber genauso oft dulden wir auch die Eifersucht eines Partners, um uns dahinter zu verstecken, damit wir keine Verantwortung für uns selbst, unsere Wünsche und Bedürfnisse übernehmen müssen.

Die Wahrheit ist, dass die Liebe zwischen zwei Erwachsenen etwas gänzlich anderes ist als die Liebe zwischen Eltern und Kind.

Und so banal das klingt, im Erleben haben viele sogenannte Erwachsene das noch nicht verstanden, denn sonst hätten sie längst ihre Eltern freigesprochen. Sie hätten erkannt, dass ihre Eltern Menschen sind und waren, Menschen wie du und ich – mit Bedürfnissen, mit Fehlern und Ängsten. Menschen, die selbst auch manchmal an den völlig falschen Stellen eifersüchtig waren. Die nicht Gedanken lesen konnten, wann sie da sein sollen und wann nicht. Menschen, die überfordert und nicht besonders geschickt darin waren, ihre Liebe zu zeigen und stets genau das zu sagen, was man selbst in dem Moment gerne gehört hätte.

Erwachsene, die das verstanden haben, würden nicht mehr wie kleine Kinder von ihren Partnern erwarten, dass sie diese kleinkindlichen, egoistischen Bedürfnisse nach voller Aufmerksamkeit und »Alleinherrschaft« befriedigen. Sie würden nicht mehr so enttäuscht sein, wenn sie herausfänden, dass ihr Partner ebenfalls ein Mensch mit Bedürfnissen, Fehlern und Ängsten ist. Ein Mensch, der auch manchmal eifersüchtig ist – und meistens an den völlig falschen Stellen. Der nicht Gedanken lesen kann und nicht weiß, wann er da sein soll und wann nicht. Ein Mensch, der auch manchmal überfordert ist und nicht immer geschickt darin, seine Liebe zu zeigen und stets genau das zu sagen, was man gerne hören würde. Und dann würden sie erkennen, dass all der Schmerz, den sie spüren, wenn sie enttäuscht sind, nicht vom Partner ausgelöst wurde, sondern dass sie vom Partner dasselbe »Menschenunmögliche« erwartet haben wie von den Eltern und dass dieser »wunde Punkt« schon ganz lange da ist. Der Partner ist nur derjenige, der draufgedrückt hat.

Die Wahrheit ist, Erwachsene, die das verstanden haben, müssen keine Angst mehr haben, von ihrem Partner verlassen zu werden, wenn er mit irgendetwas oder irgendwem mehr Spaß hat als mit einem selbst. Wenn man von einem Partner verlassen wurde, dann stirbt man nicht. Man ist nur enttäuscht. Man ist traurig. Man ist wütend, weil all das, was man sich ausgedacht, vorgenommen und – seien wir ehrlich – eingebildet hatte, nicht mehr stattfinden wird. Und das ist traurig. Das kann einen auch wütend machen. Aber es ist nicht das Ende der Welt.

Wir sollten mit einem Menschen immer nur dann zusammen sein, wenn beide das Gefühl haben, dass sie das wirklich wollen. Wenn die gemeinsame Zeit Spaß macht, die Konflikte in irgendeiner Form »fruchtbar« sind, man etwas voneinander lernen kann, der Sex gut ist, man sich nicht ständig auf die Nerven geht – mit anderen Worten: wenn beide etwas davon haben, zusammen zu sein.

Reisende soll man nicht aufhalten – und wenn ein Partner unbedingt der Meinung ist, dass es da draußen irgendwo noch etwas Besseres für ihn gäbe, dann wird man ihn auch mit Eifersucht und Schuldgefühlen davon nicht abhalten können. Und letztlich macht man sich damit auch selbst das Leben zur Hölle.

Das bedeutet nicht, dass man nicht für den Erhalt einer Partnerschaft »kämpfen« sollte, aber denken Sie genau über die Mittel nach! Häufig versuchen wir, einen Menschen bei uns zu halten, mit Methoden, die ihn nur noch weiter von uns wegbringen. Dabei ist es doch eigentlich so einfach: Menschen sind gerne dort, wo sie sich wohl fühlen. Es ist viel leichter, einem Menschen treu zu sein, der sich selbst wohl fühlt und auch seinem Partner Wertschätzung und Geborgenheit geben kann.

Die Wahrheit ist auch, dass wir eine romantisierte und unrichtige Vorstellung von Treue haben: Wir glauben immer, Treue sei das »A und O«, das Wichtigste und Selbstverständlichste in einer Paarbeziehung. Ohne Treue geht es nicht? Es ging schon immer ohne Treue – es fragt sich nur, für wen: Wie zu Beginn dieses Buchs erwähnt, ist die Partnerschaft ohne Ehe ein sehr, sehr neues und neuzeitliches Konzept und die Ehe aus Liebe ebenfalls. Und damit ist auch der Anspruch auf gegenseitige Treue oder besser gesagt das »Selbstverständnis« der gegenseitigen Treue innerhalb einer Paarbeziehung eigentlich ziemlich neu. In der Vergangenheit war Treue keine Frage von Liebe oder Beziehungsstatus, sondern nur eine Frage der Möglichkeiten. Aber fangen wir ganz vorne an: In der Entstehungsgeschichte des Menschen war es für die Frauen zwar schon immer von Vorteil, wählerisch zu sein, aber es gab bei Männern und Frauen unserer frühen Vorfahren keinen augenscheinlichen Grund (oder die Notwendigkeit) für Treue: Man zog in kleinen Gruppen umher und versuchte zu überleben. Erst mit der Sesshaftigkeit und der Besiedlung von Grund gab es plötzlich ein »Mein« und »Dein«, für das jeder aufkommen musste, und so entstanden neben »mein Garten« eben auch »meine Frau« und »meine Kinder«. Die Frau, die aufgrund der Fürsorge für die Kinder vom Mann abhängig war, war demnach zum Besitz des Mannes geworden und von ihm abhängig (na, klingelt's schon?) und mehr oder weniger »zur Treue verdammt«. Ob ein Mann treu war, hing davon ab, ob er es sich leisten konnte. In späterer Zeit und bis heute ist körperliche Untreue von Männern in sogenannten höheren Schichten, wenn überhaupt, dann allenfalls ein Kavaliersdelikt. In allen Kulturen hatten männliche Herrscher und finanziell Bessergestellte Geliebte, Affären, Konkubinen, Nebenfrauen – wie immer man es nennen möchte – und dennoch wird klar: Mit einer anderen Person Sex zu haben als die Person, mit der man eine Beziehung eingegangen ist, ist über Jahrhunderte lang normal gewesen. Für Männer. Und für viele ist es das bis heute. Körperliche Treue war nur verlangt und »normal« für Frauen und für Männer, die es sich nicht leisten konnten, das Risiko einzugehen, weitere Nachkommen mit jemand anderem zu zeugen.

Nein, das ist kein Plädoyer für körperliche Untreue. Im Gegenteil! Es ist nur völlig verrückt, sich und seinem Partner die Qualen der Eifersucht anzutun oder Beziehungen, ganze Familien, gemeinsam aufgebaute Geschäfte, gemeinsamen Grundbesitz und alle damit zusammenhängenden Möglichkeiten zu zerstören und zu vernichten, weil einer von beiden – egal wer – irgendwann, irgendwo mit irgendwem Körperflüssigkeiten ausgetauscht hat. Und das nur, weil man glaubt, Treue sei der Beweis von Liebe und ohne sie hätte die Beziehung keine Existenzberechtigung mehr.

Die Wahrheit ist: Viele Paare tun sich »im Namen der Liebe« so vieles an, das so viel schlimmer ist, als eine/n andere/n zu küssen – oder daran zu denken. Denn genau das tut doch fast jeder irgendwann mal in seiner Fantasie. Wenn wir so viel Angst haben, den Partner zu verlieren, wenn wir ihn nicht kontrollieren können, wenn wir ihn nicht manipulieren, wenn wir ihn nicht abhängig machen oder wenn wir ihn nicht ständig daran erinnern, wie wichtig er für uns ist und wie wichtig wir für ihn sind – wie viel ist dann eine solche Beziehung tatsächlich wert? Ist das das große »Glück«, das wir uns von der Partnerschaft erhofft hatten?

Die Wahrheit ist: Wir sind nicht mehr abhängig voneinander, und wir sollten es auch nicht sein. Vor allem aber sollten wir uns auch nicht abhängig voneinander machen. Liebe ist nicht Abhängigkeit. Treue allein garantiert nicht Liebe. Eifersucht zerstört sowohl Liebe als auch die Basis für Treue: das »Sich-miteinander-Wohlfühlen«.

Ich rate in diesem Zusammenhang immer wieder gerade Menschen in Beziehung, das Flirten nicht zu vernachlässigen! Wir alle brauchen Feedback von anderen für unser Selbstbild und unser Selbstwertgefühl. Wer positives Feedback bekommt, fühlt sich attraktiv und begehrt und hat ein positives Selbstbild. In solch einem Zustand ist es leicht, ein guter Partner zu sein, und Eifersucht ist weit entfernt. Wer jedoch dieses positive Feedback einzig und alleine vom Partner bekommen will, wird über kurz oder lang »verhungern«. Wer niemals flirtet, der macht seinen Partner ganz allein verantwortlich für diese Art positives Feedback – er macht den Partner zur einzigen Quelle für das Gefühl, attraktiv und begehrenswert zu sein.

In einer langen Beziehung ist es ganz normal, dass wir für die »Reize« unseres Partners ein wenig abstumpfen, dass wir uns selbst im Alltag nicht immer Mühe geben, uns von der Schokoladenseite zu zeigen, dass wir uns auch das ein oder andere übelnehmen und dann (zumindest phasenweise) auch mal geizig sind mit positivem Feedback für den Partner. Und schon beginnt das Selbstwertgefühl in Sachen Attraktivität zu wackeln, und die Eifersucht lauert direkt an der nächsten Ecke: Findet mein Partner eine andere Person attraktiver als mich?

Was für eine blöde Idee, wo wir doch inzwischen wissen, dass Eifersucht noch unattraktiver macht.

Mit anderen Worten: Wer im täglichen Leben aufmerksam für andere ist und hin wieder ein Lächeln oder ein nettes Wort verschenkt, der bekommt sicher reichlich positives Feedback. Wer vielleicht aufgrund seiner Offenheit auf dem Nachhauseweg von jemandem angeflirtet wurde, der wird sich begehrenswert fühlen und verhalten. Auf ein solches Verhalten reagiert wiederum der Partner und wird vermutlich ebenfalls positives Feedback geben.

Also: Bitte flirten Sie auch mit anderen – Ihr Partner wird es Ihnen danken!

Ich werde selten gefragt, ob mein Mann eifersüchtig ist, wenn ich flirte oder Flirten unterrichte. Meist wird *er* gefragt, ob er eifersüchtig ist. Ich weiß, ehrlich gesagt, gar nicht so genau, was er da antwortet – aber ich sehe, dass er immer lächelt, wenn er so eine Frage beantwortet. Ich glaube, das ist ein gutes Zeichen.

Die Wahrheit
über die ewige Liebe

Ich sitze in einem braunen Ledersessel an der Spree. Das ist zwar recht bequem, aber irgendwie auch seltsam – und hat damit zu tun, dass die Redaktion der Sendung die Idee lustig fand, dass ich nicht in einem Studio oder in meiner »Praxis« sitze, sondern draußen, an der »frischen Luft«. Ich kommentiere für ein Fernsehmagazin Szenen und Interview-Ausschnitte von drei Paaren, die unterschiedlich lange zusammen sind. Eines der Paare ist bereits seit über 50 Jahren zusammen – und je länger ich sie betrachte, umso mehr muss ich an meinen Lieblingswitz denken:

»Warum haben Sie sich denn mit über 90
noch scheiden lassen?«
»Wir wollten warten, bis die Kinder tot sind!«

Dass zwei Menschen, die sich gegenseitig eigentlich überhaupt nicht (mehr?) leiden können, trotzdem zusammenbleiben und dann jeden Tag aneinander rumnörgeln, kommt ja vor. Aber der Gedanke, dass es Menschen gibt, die das offenbar über Jahrzehnte machen, ruft bei mir doch irgendwie ein befremdliches, unangenehmes Gefühl hervor.

Man muss sich ja auch nicht trennen, aber wenn man sich schon nicht trennt, warum geht man sich täglich mit irgendwelchem Mist auf die Nerven? Oder ist es vielleicht so wie bei einer schleichenden gesundheitlichen Verschlechterung, dass es einfach immer ein kleines bisschen schlechter geht, aber irgendwie geht's halt doch? Ich hätte diese Menschen gerne gefragt, wie sie sich ihre Ehe und ihr Leben vorgestellt hatten, als sie zusammengekommen sind. Das wäre bestimmt interessant gewesen.

Sind wir doch mal ehrlich: Wenn wir uns schon jemanden suchen, dann suchen die meisten von uns doch jemanden »für immer und ewig«.

Warum eigentlich? Wahrscheinlich, weil die Suche so anstrengend ist. Bis man endlich den Topf für seinen Deckel gefunden hat, sich kennengelernt und ausreichend beschnuppert hat, sich alles Wichtige erzählt und auch ein bisschen was geschickt verschwiegen hat, bis man sich an die Macken des anderen und den anderen an die eigenen Macken gewöhnt hat – ach, nach all dem Aufwand wäre es doch schön, wenn es jetzt immer so bliebe.

Und dann wäre es auch schön, wenn es für immer schön bliebe. Ohne die »Gartenarbeit« im eigenen Garten Eden, die ich zu Beginn dieses Buchs schon mal erwähnt habe.

Das Problem daran ist nur, dass wir eben Menschen sind – Menschen mit höchst menschlichen Eigenschaften –, wir sind eben nicht immer fair, wir sind nicht immer nett, wir sind nicht immer gut gelaunt und können auch bei aller logischen Erkenntnis Eifersucht, Missgunst, Neid, Ängste, Selbstzweifel und all die anderen schönen Dinge nicht einfach abschalten. Irgendetwas höchst Menschliches sucht sich immer einen Weg und schleicht sich in unsere Beziehungen. Und je näher ein Mensch uns ist, desto fataler kann das manchmal werden.

Wir suchen ja eigentlich jemanden, bei dem wir so sein können, wie wir sind – und mit Glück finden wir zumindest jemanden, bei dem wir uns nicht ständig verstellen müssen. Manchmal allerdings sind wir eben auch echte Idioten, wenn wir so sind, wie wir sind. Je mehr wir das verdrängen, umso eher schlittert auch unsere Beziehung in die Schieflage:

Wenn wir in einer Partnerschaft in den Bereich rutschen, wo Ängste, Zweifel und negative Gefühle wie Neid, Missgunst und Eifersucht die Herrschaft übernehmen, dann wird aus der Partnerschaft eine Gegnerschaft.

Wir bewegen uns in einem ständigen Minenfeld, wo wir einander aufrechnen, was wir alles schon verbockt, vermasselt und versaut haben.

Wenn ein Paar sich immerzu streitet und nie zu einem Konsens kommt, dann liegt es wahrscheinlich daran, dass sie sich in Wahrheit nicht über die Dinge streiten, die sie zum Anlass nehmen, sondern dass sie sich nur streiten, um sich aneinander zu rächen und sich gegenseitig das Leben in der Beziehung schwerer zu machen. Tolle Idee!: mein Feind, der Partner.

In der Psychologie kennt man drei instinktive Verhaltensweisen von Menschen in Gefahrensituationen: Flucht, Angriff und Totstellen – und interessanterweise kann man genau diese drei Verhaltensweisen in vielen Beziehungen beobachten, bei denen die Partner schon lange zusammen sind und offenbar keine bessere Idee haben, wie sie ihre Beziehung führen könnten, oder die zu faul oder zu feige sind, um sich voneinander zu trennen oder sich die Wahrheit zu sagen.

Entweder einer von beiden ist beständig auf der Flucht: vergräbt sich in Arbeit, in Ehrenämtern, beim Sport, im

Hobbykeller, bei Verpflichtungen mit den Kindern. Eine Methode, dem Partner möglichst aus dem Weg zu gehen, um möglichst wenig »Angriffsfläche« zu geben. Oder man streitet sich eben – auch über Kleinigkeiten. Hauptsache, der andere fühlt sich schlecht. Es gibt Leute, die trennen sich wohl nur deshalb nicht von ihrem Partner, weil sie ihn inzwischen so sehr hassen, dass sie ihm ein ruhiges Leben ohne Streit nicht gönnen. Sie versauen sich lieber auch das eigene Leben, als dem anderen seinen Frieden zu geben. Und dann noch Möglichkeit drei: Man stellt sich einfach tot. Bestimmt kennen Sie diese Paare, die im Restaurant zwei Stunden lang am selben Tisch sitzen und außer vielleicht »Guten Appetit« nichts zueinander sagen? Das ist tot stellen: Man ignoriert einander, so gut es geht, und versucht, möglichst flach zu atmen, wenn der Gegner – Entschuldigung: der Partner – im Raum ist.

Dabei hatte alles so gut angefangen!

Wie ist das also mit dem einander »lieben und ehren, bis dass der Tod euch scheidet«? Geht das überhaupt?

Wir haben jetzt so lange nach dem Traumpartner gesucht, seitenweise über Partnerwahl, Flirten, die Mechanismen des Verliebens, die Eigenarten von Männern und Frauen und die Herausforderung der Sexualität gelernt, es kann doch nicht sein, dass es dann nach ein paar Jahren oder Jahrzehnten damit endet, dass der einzige verbleibende gemeinsame Nenner mit unserem Partner die Vorliebe für einen bestimmten »Tatort«-Ermittler ist?

Gibt es sie überhaupt? Diese »ewige Liebe«? Diese haltbare, ehrliche und aufrichtige Anziehung über Jahre und Jahrzehnte? Wie machen die das? Oder ist jeder, der das behauptet, einfach nur ein Lügner oder möglicherweise extrem gut darin, die Realität zu ignorieren?

Liebe ist möglich – auch in einer Partnerschaft, auch für lange.

Was dem allerdings im Wege steht, ist zum Beispiel, dass es den meisten Menschen nach wie vor so schwerfällt, Liebe nicht als begrenztes Gut zu sehen, sondern als das, was es tatsächlich ist: als Gefühl. Erinnern Sie sich noch an die Liebesexperimente aus dem Kapitel »Partnerschaft und Liebe«? Damit könnten Sie lernen, dass Liebe kein Gut ist und dass es nicht begrenzt ist – aber wir sind einfach so sehr daran gewöhnt, etwas haben zu wollen, dass es uns schwerfällt, uns davon frei zu machen. Und wer etwas haben will, der ist stets in der Position, dass er ein Gegenüber hat, das geben soll. Und dann will man ja auch diesem Gegenüber etwas geben, um etwas zu fühlen – und dafür ist notwendig, dass der andere (an)nehmen kann. Auch das will gelernt sein.

Und manchmal klappt das nicht. Und manchmal ist der andere nicht (immer) so, wie wir ihn uns vorgestellt haben. Und manchmal sagt der andere Dinge, die wir nicht mögen. Oder er tut Dinge, die wir nicht mögen. Oder er tut etwas, das wir unbedingt wollen, einfach nicht. Nicht mal, wenn wir ihm Schuldgefühle machen … denn das ist eine der ansonsten so hilfreichen Methoden, die wir von unseren Eltern gelernt haben. Oder wir versuchen es mit emotionaler Erpressung. Oder mit einem Wutanfall. Oder mit einem Heulkrampf, denn das sind ansonsten so hilfreiche Methoden, die wir unseren Eltern beigebracht haben.

Und wenn all das nicht klappt, dann können wir uns immer noch rächen. Oder wir ziehen uns einfach zurück und strafen unseren Partner mit emotionaler Kälte, Missgunst oder Bloßstellung vor anderen. Manchmal schaffen wir es sogar, ihn mit Krankheit zu strafen oder mit Misserfolg – wir gehen einfach kaputt, dann wird er schon sehen! Wir ruinieren ihn und uns aus Rache, weil wir nicht bekommen haben, was wir erwartet haben.

Klingt verlockend, nicht wahr?

Und natürlich haben Sie, lieber Leser, liebe Leserin, noch nie etwas Derartiges getan, nicht wahr?

Ich habe selbst oft genug in meinem eigenen Leben gemerkt, wie ich mich furchtbar darüber aufregen kann, dass mein jeweiliger Partner so ein Idiot ist oder wie er mir dies oder jenes nur antun kann. Und wie sehr habe ich es bedauert, dass die Liebe irgendwie ... na ja ... weg war. Manchmal war zuerst der Respekt weg und dann die Liebe. Manchmal wurde der Frust oder der Schmerz so groß, die Enttäuschung so hart, dass die Liebe einfach weg war.

Und jedes einzelne Mal habe ich irgendwann etwas sehr Hilfreiches bemerkt: Wenn ich ganz ehrlich zu mir bin – und das ist alles andere als schmeichelhaft für mich –, dann erkenne ich, dass ich an jeder Situation, an jeder unschön verlaufenen Beziehung, einen sehr großen eigenen Anteil hatte. All das »Leid«, das ich erfahren habe, ist zu einem großen Teil auf meinem eigenen Mist gewachsen. All der Mist ist von mir großzügig gedüngt worden. Und all der Dünger stammt aus dem Mist, den ich in meinem eigenen Kopf fabriziert habe. Später, als Coach, habe ich gelernt, dass das tatsächlich in jeder Beziehung so ist – und ich habe damit den Liebeskummer und die Opferrolle vieler Klienten »entzaubert« und aufgelöst.

Vielleicht mögen Sie es auch mal probieren? Es ist, wie gesagt, meist nicht sehr schmeichelhaft für einen selbst, was man da entdeckt, aber es ist sehr hilfreich und befreiend, und es gibt Ihnen die Chance, der »ewigen Liebe« ein ganzes Stück näher zu kommen.

Es ist an sich ganz einfach, es beginnt mit folgender Erkenntnis. Bestimmt kennen Sie auch ein paar Menschen, die Ihnen furchtbar auf den Wecker gehen. Oder die Sie sogar verabscheuen. Vielleicht gibt es Menschen, zu denen haben Sie den Kontakt abgebrochen, weil die einfach gar nicht gehen. Oder die Sie schon von weitem so unannehmbar finden, dass Sie einen großen Bogen drum herum machen. Es gibt Arschlöcher auf der Welt.

Es gibt in Ihrem Leben also so eine Art »Arschloch-Quote« (AQ) – und je nachdem, wie Sie drauf sind, ist diese AQ unterschiedlich hoch. Nehmen wir mal an, 80% aller Menschen wären in Ordnung, wie sie sind, und 20% wäre die AQ. Müssten Sie mit diesen gar nichts zu tun haben, wäre Ihr Leben in Ordnung. Aber dummerweise scheinen die irgendwie nachzuwachsen.

Und das hat einen ganz einfachen Grund: Es hängt mit Ihrer eigenen inneren AQ zusammen. Jeder von uns hat ein bisschen AQ in sich selbst. Natürlich möchten wir das nicht so gerne wahrhaben: Wir geben uns schließlich Mühe, gute Menschen zu sein. Wir versuchen immer, nach bestem Wissen und Gewissen zu handeln, sind teamfähig, freundlich, fair und sozial. Wir bemühen uns um unsere geistige Entwicklung und haben ein Herz für … was auch immer. Mit anderen Worten:

 **Wir sind stets bemüht, unsere Schattenseiten da zu lassen, wo sie unserer Meinung nach hingehören, in den Schatten.**

Und wenn wir mal eine schlechte Angewohnheit haben, dann nur, weil unsere Eltern sie uns so beigebracht haben oder uns nicht genug geliebt haben. Also sie sind eigentlich die AQ in unserem Leben!

Glauben Sie mir: Je mehr Sie sich für einen Gutmenschen oder ein Opfer der Umstände halten, umso höher ist Ihre heimliche AQ, und das hat einen ganz einfachen Grund: Wenn wir an einer anderen Person etwas bemerken, das uns nicht gefällt, dann ist das eine Sache. Wenn wir uns aber darüber aufregen können, dann heißt das, dass wir es zunächst einmal bemerken, dass wir es dann bewerten und dass wir dann noch eine starke emotionale Reaktion zu dieser Bewertung erleben. Warum eigentlich? Weil wir in eine »Resonanz« gehen. Mit anderen Worten: Unser Gegenüber zeigt uns ein Spiegelbild unseres ungeliebten, verdrängten und weggesperrten Schattens – unsere AQ.

Ich kenne auch Menschen, die behaupten, in ihrem Leben gäbe es keine AQ, da sie alle Menschen mögen würden. Habe ich auch mal behauptet. Ich hatte meine AQ »im Griff«, dachte ich. In Wahrheit war ich arrogant und überheblich. Ich hielt mich für »besser« als die meisten anderen Menschen, weil ich so erleuchtet und buddhamäßig friedfertig war. Ich schaute in Wahrheit auf viele andere Menschen herab, die mit ihrer AQ kämpften, und belächelte sie. Oft genug versuchte ich sie auch zu belehren und ging damit einer Menge Menschen ordentlich auf den Geist.

Heute lächle ich zwar immer noch, aber es ist eher ein verschmitztes Lächeln, wenn ich mal wieder meine AQ entdecke.

Was hat das jetzt mit ewiger Liebe zu tun? Ganz einfach: Die meisten Menschen denken, es sei der einfache Weg, sich zu sagen: Mein Partner ist … Wahlweise ein Idiot, schwierig, die Pest, an allem schuld. Suchen Sie sich was aus. Und ich? Ich bemühe mich immer!

Das Problem daran ist:

Wenn wir in einer Partnerschaft immer dieses Spiel von »gut und böse« (oder wahlweise Recht und Unrecht) inszenieren und wir immer die Guten sind, dann muss der andere zwangsläufig immer der Böse sein.

Aber das ist nicht wahr.

Wenn der andere der Böse wäre, dann wäre ja klar, dass man das Böse bekämpfen muss. Aber auch das ist eben totaler Blödsinn, wenn wir feststellen, dass die erste Aussage schon nicht stimmte.

Aber wer erkennt das schon, wenn er sich nie mit seiner AQ beschäftigt? Ich kann Ihnen sagen, was passiert, wenn Sie es nicht tun. Wer seine eigene AQ nicht erkennt, der findet sie sehr gerne im Partner. Sie werden sich sogar ziemlich zielsicher einen Partner aussuchen, der ein fantastisches Potenzial für Ihre AQ hat, und dieser Partner wird sich – ob er will oder nicht – unbewusst, aber nach Leibeskräften bemühen, Ihre AQ auszuleben. Und zwar so, dass Sie so richtig was davon haben!

Erinnern Sie sich noch an die Wahrheit über Partnerwahl? Einer der psychologischen Auslöser für Anziehung ist tatsächlich auch genau das. Und das gefällt uns natürlich überhaupt nicht. Und es hat Folgen, die mir irgendwann nahegelegt haben, dass der vermeintlich leichte Weg – den Partner zu dämonisieren und ihm alle Schuld in die Schuhe zu schieben – auf Dauer keine gute Lösung ist, da es nur zwei mögliche Folgen gibt:

Entweder ich verbringe mein Leben mit einem Idioten – oder ich trenne mich und finde einen neuen Partner, der sich nach einiger Zeit wieder als Idiot entpuppt.

Ach so, Nummer drei: Ich bleibe allein. Das allerdings ist auch keine tolle Lösung, denn vielleicht merke ich dann ja irgendwann, dass ich selbst ein Idiot bin. Oder ich werde seltsam und fange an, kleine Tischdeckchen zu häkeln und streunende Katzen zu füttern …

Mit anderen Worten: Die Folgen des vermeintlich einfachen Weges sind nicht sehr verlockend, und es lohnt sich, den Weg zu gehen, der so wenig schmeichelhaftes Licht auf uns selbst wirft: Machen Sie sich ein bisschen Arbeit!

Schreiben Sie auf, was Ihre guten Eigenschaften sind. Dann schreiben Sie auf, was Ihre schlechten Eigenschaften sind.

Seien Sie ehrlich. Sie müssen das niemandem zeigen!

Denken Sie mal an Ihre letzten Beziehungen, vielleicht gerade an die, die nicht so gut verlaufen sind. Gerade an die, die zu Ihren Ungunsten nicht so gut verlaufen sind. Oder an die, die Sie gerade haben.

- Wer waren (oder sind) Sie in dieser Beziehung? Der Gute oder der Böse? Der Unzuverlässige, der Chaotische, der Ängstliche, der Unehrliche? …
- Was war der/die andere?
- Worüber haben Sie sich immer wieder gestritten?
- Was hat der/die andere immer wieder falsch gemacht?
- Worunter hatten Sie immer wieder zu leiden?

Machen Sie das einfach mal, und dann lesen Sie weiter. Ich verspreche Ihnen, dass es Ihnen nicht besonders gefallen wird. Am Anfang. Irgendwann aber wird es sehr lustig. Wahrscheinlich …, wenn Sie Humor haben.

Also: Nehmen Sie sich den Zettel mit Ihren guten und schlechten Eigenschaften, und erkennen Sie: Sie haben keine

Ahnung. Warum sind diese Eigenschaften gut und schlecht? Warum tun so viele von uns sich so schwer damit, gute Eigenschaften zu nennen? Warum schreiben wir bei den schlechten so einen Blödsinn auf? Das ist kein Bewerbungsgespräch für irgendeinen blöden Job – das hier ist Ihr Leben!

Und es ist eigentlich ganz einfach:

Es gibt keine guten und schlechten Eigenschaften. Es gibt nur Eigenschaften. Manche davon mag man lieber und andere weniger.

Jede noch so gute Eigenschaft kann je nach Kontext und Art der Anwendung auch die absolute AQ sein: Fürsorglichkeit wird zur Überfürsorglichkeit, Herzlichkeit zur Penetranz, Ordentlichkeit zur Pedanterie, Kommunikationsfähigkeit zum Rumgelaber und so weiter und so weiter.

Jede noch so schlechte Angewohnheit ist irgendwo auch ein Gewinn – niemand hat Angewohnheiten und Eigenschaften, die nicht zumindest einen sogenannten »Sekundärgewinn« für ihn bedeuten. Es gibt einen Vorteil an der schlechten Eigenschaft, eine »gute Absicht« dahinter. Vielleicht übertreiben Sie einfach nur.

Wir sind es einfach gewohnt, dass die Welt immer dual ist: dass es gut und schlecht, falsch und richtig, hoch und tief, Glück und Unglück gibt. Und das ist eigentlich auch gut so, denn wir brauchen diese Gegensätze, um uns zu orientieren. Doch warum glauben wir eigentlich, dass es in der Partnerschaft und in der Liebe nur eine Seite geben sollte oder dass wir – wenn es zwei Seiten gibt, auf der »richtigen« sind und der Partner auf der falschen wäre?

Wo Licht ist, da ist auch Schatten – und in diesem Schatten verstecken wir gerne all das, was wir nicht sehen mögen.

Schauen Sie sich also doch mal den anderen Zettel an, auf dem steht, wo Sie der Gute sind und der Partner »der Böse« ist.

Ist oder war Ihr Partner aggressiv? Eifersüchtig? Neidisch? Antriebslos?

Was hat Sie am meisten aufgeregt?

Seien Sie ehrlich!

Finden Sie die treffendste Beschreibung für die schlechte Eigenschaft, die Sie an ihm oder ihr wirklich aufgeregt, enttäuscht, genervt, verrückt gemacht hat.

 **Und dann gibt es zwei ganz einfache Möglichkeiten:**
1. Sagen Sie mal: »Ich bin auch manchmal ...«, und ergänzen Sie den Satz mit dieser Eigenschaft.

Entweder Sie müssen jetzt lachen, oder Sie wehren sich ganz gewaltig dagegen. Wie gesagt, es ist nur eine der beiden Möglichkeiten. Aber bevor ich Ihnen die zweite vorstelle, möchte ich Ihnen gerne eine kurze Geschichte erzählen:

Vor ein paar Jahren hatte ich einen Teilnehmer in meinem Seminar, der im Begriff war, sich von seiner Frau zu trennen. Sie behandelte ihn furchtbar. Sie war ein richtiges Miststück. Er hatte ihr über die Jahre der Ehe hinweg nichts recht machen können. Seit sie verheiratet waren, wurde es schlimmer und schlimmer. Er war an allem schuld. Sie hackte beständig auf ihm herum. Es war die Hölle. Er sah keinen anderen Ausweg mehr, als sie zu verlassen. Und da ging es erst so richtig los. Er hasste seine zukünftige Ex-Frau für alles, was sie ihm angetan hatte. Im Verlauf unserer Arbeit kam allerdings noch etwas ans Licht. Es gab noch einen Menschen, den er viel mehr hasste und verachtete als seine Frau: sich selbst.

Er behandelte sich furchtbar. Das Seminar war seit Jahren das Erste, was er sich überhaupt gegönnt hatte, und selbst dabei hatte er ein schlechtes Gewissen. Er hackte ständig auf sich herum, hatte Schuldgefühle, Minderwertigkeitskomplexe und so gut wie kein Selbstwertgefühl.

Wo hatte seine Frau nur gelernt, ihn so zu behandeln? Direkt beim Meister, bei ihm selbst. Sie hatte ihm seine AQ gezeigt. Sie hatte ihm gezeigt, wie er sich selbst behandelte, sonst eigentlich nichts. Und er war zwar der härteste – aber bei weitem nicht der einzige Fall dieser Art. Viele Menschen klagen darüber, wie schlecht sie von anderen behandelt werden, dabei sind sie sich selbst gegenüber das größte A…

Die Wahrheit ist: Wir zeigen anderen Menschen, wie wir behandelt werden möchten, durch die Art, wie wir uns selbst behandeln. Und demnach wäre ein Weg zur ewigen Liebe, wenn wir einfach anfangen könnten, uns gut zu behandeln. Wenn wir beginnen, uns selbst so zu behandeln, wie wir von anderen behandelt werden möchten. Wir müssten nicht ständig hinterher sein, andere so zu behandeln, wie wir behandelt werden möchten – denn das nützt vielleicht gar nichts: Wir können doch gar nicht wissen, ob das, was wir selber mögen würden, beim anderen gewollt wäre. Wenn wir jedoch mit uns selbst so sind, wie wir es uns wünschen, dann brauchen wir es auch nicht mehr so dringend, dass jemand anders uns so behandelt. (Und das macht es allerdings wiederum sehr viel wahrscheinlicher!)

Also, wenn Sie sich jetzt sagen: »Ich bin auch manchmal … aggressiv, neidisch, missgünstig«, dann denken Sie nicht nur in die Richtung, wie Sie anderen gegenüber sind, sondern schauen Sie auch mal, wie Sie zu sich sind. Vielleicht gaben Sie dem Idioten einfach nur ein gutes Vorbild.

Ich sehe auch manchmal, wie Menschen unter dem Verhalten eines anderen Menschen leiden und nicht erkennen können, dass sie manchmal andern gegenüber auch so sind, weil sie »moralisch deutlich bessere und höhere Gründe« dafür haben, so dass ihre Tat und ihre Art sehr viel »richtiger« wirkt als die des Menschen, unter dem sie leiden. So kopiert sich beispielsweise häufig das Verhalten von Eltern zu den Kindern zu deren Kindern. Und meistens sieht es erst der Coach, weil er die Sache von außen betrachtet und die Wiederholung erkennt, weil ihm die moralischen Rechtfertigungen des Klienten erst mal egal sind.

Einer meiner Klienten hatte eine Mutter, der er sehr gerne helfen wollte, da sie durch ein altes, nie gelöstes Trauma immer wieder psychische Probleme hatte. Er war völlig verzweifelt darüber, dass seine Mutter nicht auf ihn hören wollte und sich standhaft weigerte oder es immer wieder verschob, einen Therapeuten aufzusuchen, denn irgendwie ging es ja doch immer weiter. Das Zweite, was ihn nervte, war, dass seine Mutter sich ständig in seine Geschäftsangelegenheiten einmischte. Er hatte vor einigen Jahren den elterlichen Betrieb übernommen, und seine Mutter, die die Firma jahrelang mitgeführt hatte, mischte sich nach wie vor in alles ein und sagte ihm, was er tun sollte ...

Fällt Ihnen etwas auf? Mir war es aufgefallen, ihm nicht. Denn er war sicher, dass er genau wusste, wie er den Betrieb führen wollte. Er war allerdings auch sicher, dass er genau wusste, wie seine Mutter mit ihren Problemen umgehen sollte. Wahrscheinlich hatte er diese Gabe der »Allwissenheit« von seiner Mutter geerbt.

Wehren Sie sich also nicht zu schnell gegen Möglichkeit eins. Sehr häufig ist es eine unschöne Wahrheit, die wir nicht

sehen wollen. Genau deshalb haben wir sie ja auch so gut ver-
steckt und auf andere projiziert. Wer beispielsweise unter
einem deutlich erkennbar »aktiv« aggressiven Partner leidet,
ist häufig passiv aggressiv: Er ist quasi genauso wütend auf
die Welt und zornig und aggressiv wie der Partner, aber er
würde das nie laut sagen, sondern kämpft mit »feineren Methoden«: Verweigerung, Widerstand, Zynismus, ständige
Unzufriedenheit, um nur einige wenige zu nennen. Der
Partner zeigt quasi nur, wie das Ganze aussieht, wenn man
ehrlicher wäre und sich mehr trauen würde.

Das bringt uns zu:

 **2. Sagen Sie mal: »Ich wäre auch manchmal gerne ...«,
und ergänzen Sie auch diesen Satz mit der entsprechenden
Eigenschaft.**

Natürlich stimmt das nicht, nicht wahr? So etwas würden
Sie niemals tun, richtig? Warum eigentlich nicht? Weil es
völlig gegen die Regeln verstößt, die Sie von der Welt haben,
richtig? Es wäre einfach nicht wahr, wenn Sie das über sich
selbst sagen würden, oder?

Ist Ihnen schon aufgefallen, wie oft ich in diesem kurzen
Absatz bereits die Worte »wahr« und »richtig« verwendet
habe? Denn genau darum geht es: Sie haben Regeln von der
Welt, was »richtig« ist und was »wahr« ist – und was nicht.
Und nur Ihre Regeln haben Gültigkeit. Alle anderen müssen
diese Regeln einhalten. Mit anderen Worten: Sie halten sich
für Gott. Lassen Sie mich also kurz zu Ihnen beten:

*Lieber Leser, liebe Leserin, die Sie sich für Herrscher über
falsch und richtig halten: Es steht Ihnen nicht zu, andere Menschen zu dämonisieren, weil sie andere Bedürfnisse, andere*

Werte oder andere Vorlieben haben. Jeder Mensch tut immer das, was ihm aufgrund seiner Erfahrungen notwendig und richtig erscheint – und da jeder andere Erfahrungen hat, kann jeder Mensch etwas anderes für notwendig und richtig halten, auch wenn Ihnen das nicht gefällt oder Sie es anders machen würden. Sie haben das Recht und die Pflicht und die Kraft, alles in Ihrem Leben so zu machen, wie Sie es möchten. Geben Sie dieses Recht auch allen anderen, und vergeben Sie sich selbst dafür, wenn Sie ein Arschloch waren. Denn es ist Ihr Kopf und Ihr Reich und Ihre AQ in Ewigkeit. Amen.

Und jetzt wird es besonders interessant. Auch und gerade wenn Sie eine bestimmte Eigenschaft oder Verhaltensweise an jemand anderem ablehnen.

Stellen Sie sich mal vor, Sie könnten eine »homöopathische Dosis« dessen haben, was Sie an diesem anderen Menschen so aufregt. Zum Beispiel wenn jemand sehr egoistisch und selbstsüchtig ist, wenn jemand übertrieben angibt oder wenn jemand sehr aggressiv ist: Stellen Sie sich mal vor, wie diese Eigenschaft aussehen würde, wenn sie nur in einer sehr kleinen Dosis existieren würde – an Ihnen. Was wäre dann anders? Was würde Ihnen dadurch möglich? Was könnten Sie erreichen? Ein bisschen mehr Egoismus würde vielleicht bewirken, dass Sie öfter mal an sich selbst denken und sich etwas Gutes tun, anstatt es von anderen zu erwarten. Ein bisschen mehr »Angeberei« würde vielleicht bewirken, dass Sie Ihr Licht nicht immer wieder unter den Scheffel stellen und sich trauen könnten, Ihre Fähigkeiten auch einzusetzen, ein bisschen mehr Aggression wäre vielleicht einfach der »Biss«, der Ihnen oft fehlt, wenn es darum geht, sich auch mal durchzusetzen.

Na, wie wäre das?

Sie können etwas lernen! Vielleicht zeigt Ihr Gegenüber Ihnen einfach nur ganz übertrieben, was Sie lernen könnten oder was gut für Sie wäre. Und manchmal sind Sie vielleicht auch einfach nur neidisch. Sagen Sie mal: »Ich wäre auch manchmal gerne …, ohne dabei erwischt zu werden!« Oder: »Ich wäre auch manchmal gerne …, wenn ich nicht so viel Angst davor hätte!« Und Sie regen sich wahnsinnig darüber auf, dass dieser Mensch sich so was traut – und dann auch noch durchkommt damit!

Sehen Sie!

Das war doch eigentlich ganz einfach.

Natürlich nicht für jeden. Es gibt auch Leser, die haben ihre AQ in einen so tiefen Keller geschickt, dass sie nicht bereit sind, sich das anzuschauen und lieber das Opfer eines anderen bleiben. Ich weiß in diesem Moment aber auch schon genau, wer als Nächstes dafür herhalten darf, die AQ zu repräsentieren. Danke, ich nehme die Nominierung gerne an. Ich bin gerne Vertreter für Ihre AQ – und? Was finden Sie besonders schlimm an meinem Buch? Was nervt Sie an mir am meisten? Was habe ich immer wieder falsch gemacht? Finden Sie die treffendste Beschreibung für die schlechte Eigenschaft, die Sie an mir oder diesem Buch wirklich aufgeregt, enttäuscht, genervt, verrückt gemacht hat. Und dann gibt es zwei Möglichkeiten …

Die Wahrheit ist, wenn Sie Ihre AQ gefunden haben, wird vieles leichter, denn Sie können Frieden mit Ihren Schattenanteilen schließen: Niemand ist ein perfekter, immer toleranter, großzügiger, gutherziger, aufrichtiger Gutmensch. Und das müssen Sie auch nicht sein. Sie sind ein viel besserer Partner, wenn Sie ab und an auch ein A… sind. Vor allem, wenn das so »normal« geworden ist, dass es Ihnen nicht mehr so peinlich sein muss, dass Sie es verstecken oder Ihrem Partner in die Schuhe schieben müssen. Dann können Sie nämlich auf Ihren Partner zugehen und sagen: »Entschuldige, ich war ein A... Tut mir leid. Es wird wieder vorkommen, du hast einmal gut ...!«

Die Wahrheit ist: Viele Paare, die lange Jahre zusammen sind und dennoch glücklich miteinander waren, sagen, dass sie viel miteinander reden, dass sie einander respektieren und sich annehmen, wie sie sind. Ich habe im gemeinsamen Buch mit meinem Mann Claudius »Für immer verliebt. Was Paare wirklich glücklich macht« viele dieser Ratschläge und Ideen zusammengetragen, ausprobiert und kommentiert. Und trotzdem haben wir uns seitdem oft gestritten; ich wollte ihn bestimmt dreimal am liebsten umbringen und mich vermutlich fünfmal scheiden lassen – und ich wette, ihm ging es genauso. Und das ist in Ordnung. Denn die »ewige Liebe« besteht nicht aus dem, was man tun kann, sondern auch aus dem, was man nicht tun kann, aus dem was man darüber denkt, und aus dem, was man daraus schlussfolgert.

Mit der Liebe ist es ein bisschen wie mit dem Glück: Wenn man es sucht, ist man so mit Suchen beschäftigt, dass man gar nicht mitkriegt, dass man gerade jetzt glücklich sein könnte, lieben könnte. Und manchmal merkt man erst hinterher, was man vorher hatte. Und manchmal merkt man es im Augenblick besonders deutlich und klar, und dann ist es wieder weg. Ganz normal.

Die Wahrheit ist: Wenn zwei Menschen, die an völlig unterschiedlichen Orten, von unterschiedlichen Eltern, mit unterschiedlichen Genen, zu unterschiedlichen Zeiten geboren werden, dann nach unterschiedlichen Werten, unterschiedlich erzogen und ganz unterschiedlich geprägt werden, dann ist es doch wohl völlig normal, dass sie sich nicht immer verstehen, dass sie nicht immer dasselbe wollen, dass sie nicht immer das für den anderen »Richtige« tun, dass sie nicht immer perfekt harmonieren. Das gilt für mich genau wie für Sie und für jeden anderen. Es ist normal, dass wir Konflikte haben. Es ist normal, dass wir uns missverstehen, verletzt fühlen, genervt voneinander sind.

Die Wahrheit ist: Jeder »wunde Punkt«, den Ihr Partner trifft – der war vorher schon da. Ihr Partner hat nur dieses unglaubliche Talent, diesen wunden Punkt zu finden und zu treffen. Machen Sie nicht ihn gleich zum Täter, sondern bewundern Sie seine Treffsicherheit.

Die Wahrheit ist: Wenn wir davon reden, dass jemand anders uns verletzt hat, dann ist das nur eine Verschleierungstaktik, die eigentlich nur eine sehr banale Sache ausdrücken soll: Ich habe nicht bekommen, was ich wollte. Er oder sie hat mir nicht gegeben, was ich erwartet habe, worum ich mich bemüht habe, wozu ich sie/ihn manipulieren wollte.

Die Wahrheit ist, dass die »ewige Liebe« an derselben Stelle beginnen muss wie der Weltfrieden: in einem selbst. Sich zu lieben heißt nicht, sich jeden Tag toll zu finden. Es bedeutet, mit sich gut zu sein, es mit sich selbst gut zu meinen, sich wie einen Freund zu behandeln. Einen Freund würde man auch nicht verstoßen und beschimpfen, wenn er mal einen Fehler macht oder wenn es ihm schlechtgeht. Man würde ihn trösten, aufbauen und ermutigen. Seien Sie sich selbst ein Freund – schließen Sie Frieden mit sich – auch mit Ihrer AQ. Dann muss Ihr Partner nicht immer dafür herhalten.

216

Die »ewige Liebe« besteht nicht darin, dass man sich über Jahrzehnte jeden Tag gegenseitig toll findet und abfeiert. Sondern dass man es schafft, den Partner nicht zum Gegner zu machen, und sich auch mal »aushält«. Dass man merkt, dass Verzeihen und Vergeben keine großherzige Tat dem anderen gegenüber, sondern eine höchst egoistische Angelegenheit ist, weil man in Frieden einfach schöner lebt als im Krieg. Und dass jeder andere Mensch mit einem nur das machen kann, was man zulässt, im negativen wie im positiven Sinn.

Der Dreh an der Spree ist gelaufen. Aus drei Stunden Arbeit werden sechs Minuten Beitrag. Und dieses Kapitel. Man weiß eben vorher nie, was nur für den Moment und was für die Ewigkeit ist. Ich gehe nach Hause und bin total egoistisch: Ich sage meinem Mann, dass ich ihn liebe.

Die absolute Wahrheit über Männer, Frauen, Sex und Liebe

Es ist Anfang Oktober, und das Buch ist quasi fertig. Ich lese die letzten Überarbeitungen und Korrekturen und merke: Dieses Buch ist eigentlich noch lange nicht fertig.

Die ganze absolute Wahrheit über Männer, Frauen, Sex und Liebe lässt sich kaum zwischen zwei Buchdeckel packen. Und es gäbe noch so viel mehr, über das ich hätte schreiben können:

- Warum die aufregende Situation auf einer Hängebrücke die Wahrnehmung eines potenziellen Partners positiv beeinflussen kann und wie man diese wissenschaftliche Studie beim Date für sich nutzen kann.
- Wie man als Frau einen Mann so anspricht, dass er versteht, dass man Interesse hat, aber immer noch glaubt, dass er derjenige war, der zuerst gebaggert hat.
- Wann man seinem Partner einen Seitensprung gestehen sollte und warum man ihn in den allermeisten Fällen besser für sich behält – und was man dann macht!
- Was man tun kann, wenn man sich zwischen zwei potenziellen Partnern für »den richtigen« entscheiden muss.
- Wie man eine Frau am besten zum Orgasmus bringt und warum sich das in jeder Hinsicht lohnt.

- Warum Untreue bei Männern oft viel weniger Einfluss auf die Beziehung hat, aber dafür häufiger vorkommt.
- Warum Frauen beim Streit verstanden werden und Männer gewinnen wollen.

Das sind nur ein paar Themen, die mir spontan noch einfallen und die so gut in dieses Buch gepasst hätten.

Ich hoffe, Sie sind nicht allzu enttäuscht, wenn ich Sie über diese Themen im Dunkeln gelassen und mit meiner Taschenlampe die vielen anderen Themen im Beziehungsdschungel beleuchtet habe.

Doch all das hätte ohnehin auch nur zum selben Fazit geführt. Alle Menschen – egal ob Mann oder Frau – sind Individuen. Und dennoch gibt es ein paar Dinge, in denen sie sich offenbar voneinander unterscheiden und in denen sie sich ähnlich sind.

Frauen haben immer noch ein Thema mit »Schönheit« und damit, was man mit dieser »Gleichberechtigung« wirklich alles Tolles anstellen könnte – ob sie nun schwer zu kriegen oder bessere Männer sein müssen. Wir Frauen haben wohl noch zu lernen, wie wir stark sein können, ohne hart sein zu müssen (gegen Männer, andere Frauen oder uns selbst), oder zu kämpfen, ohne uns ständig beweisen zu müssen. Es ist Frauen oft wichtiger, beliebt zu sein, als Männern. Letztlich wollen Frauen einen »besonderen« Mann kennenlernen. Einen, der interessant ist – der nicht nett ist, weil er gemocht werden will, sondern weil er einfach von sich aus gerade so sein möchte, aber anders kann. Einer, der es schafft, dass SIE sich besonders fühlt. Einer, der es ihr nicht dauernd recht machen will und der es nicht so ernst nimmt, dass sie sich selbst dauernd zu widersprechen scheint.

Männer haben die große Aufgabe, ihren Platz in einer Welt zu finden, die sich immer weniger um sie zu drehen scheint. Der Jäger, der Beschützer, das »Familienoberhaupt«, der Ernährer – all die alten Rollenbilder will offenbar keiner mehr haben, aber was dann? Wenn eine Frau ihren Mann stehen kann – wo steht dann der Mann? Die meisten wissen nicht mehr, wie sie es uns Frauen noch recht machen sollen, und viele von ihnen haben die Lust daran auch verloren. Die Männer haben zu lernen, dass sie für uns besonders interessant sind, wenn sie es uns eben gerade nicht recht machen wollen, sondern uns einfach lieben und unser zwiespältiges Gerede zwar hören – aber vielleicht nicht immer zu ernst nehmen. Männer haben weniger »Blockaden« bei Frauen, da sie keine Angst davor haben müssen, billig zu wirken oder sexuell missbraucht zu werden – sie haben allerdings fast alle eine große Blockade: von der Frau abgelehnt, verarscht, verhöhnt zu werden. Männer wollen nicht unbedingt beliebt sein, sie wollen lieber respektiert oder bewundert werden. Sie finden eine Frau viel schneller interessant und baggern auch gerne mal schon so auf Verdacht.

Nicht alle, nicht immer, nicht ausnahmslos. Nur tendenziell. Aber immer wieder.

 Und wir alle wollen letztlich dasselbe: Wir wollen geliebt werden, und wir wollen lieben.

Wir haben alle Ängste, und auch die sind alle immer die gleichen. Die Angst, nicht gut genug zu sein, die Angst, benutzt oder verlassen oder betrogen zu werden, die Angst, nicht zu bekommen, was wir uns wünschen, die Angst vor Einschränkung oder Freiheitsberaubung, die Angst, sich zu verlieren, die Angst vor Einsamkeit … Wir alle lassen uns viel zu oft viel mehr von diesen Ängsten lenken als von unserer Abenteuerlust, unserem Herzen und unserer Neugier.

 **Wir haben alle noch lange nicht begriffen, was wir alles tun könnten mit all der Freiheit, die wir haben. Mit all den Möglichkeiten, die uns heute offenstehen.**

Fast alle wollen wir immer noch blind nachahmen, was uns die vorherigen Generationen vorgelebt und vorgemacht und oft genug auch eingeredet haben: eine Familie gründen und alles richtig machen.

Dabei sollten wir längst verstanden haben, dass das gerade in dieser Kombination unmöglich ist.

Und gleichzeitig wollen wir von der Liebe und der Partnerschaft (und vor allem dem Partner) heute so viel mehr.

Aber wir wollen viel weniger dafür tun. Wir wollen maximale Sicherheit, maximales Vertrauen, maximale Selbstbestimmung und maximalen Freiraum bei maximaler Verbindlichkeit und geben oft genug selber kaum etwas davon.

Wir wenden die Prinzipien der Leistungsgesellschaft auf die Situation und die Gefühle der Liebe und Partnerschaft an – und scheitern. Weil wir vielleicht geachtet oder geschätzt, respektiert oder beneidet, aber nicht geliebt werden für Leistung. Weil man Liebe nicht verdienen kann. Und deshalb zum Glück auch nicht muss.

 **Wir müssen lernen, dass die Unterschiede zwischen Männern und Frauen genau wie zwischen jedem einzelnen Menschen keine Bedrohung darstellen und deshalb nicht verändert werden, sondern genossen und gefeiert werden sollten.**

 **Wir müssen lernen, dass eine gute Partnerschaft nicht aus Glück und kalkulierbarem Risiko besteht, sondern daraus, dass wir bereit sind, voneinander zu lernen und unseren Schatten zu begegnen.**

Dass Beziehungen bedeuten, dass es Konflikte geben wird und Enttäuschungen und Missverständnisse und Entschuldigungen und Verzeihen. Dass wir unseren Partner nicht verändern können und ihn auch nicht davon abhalten können, sich zu verändern, wenn er oder sie es möchte.

Und damit uns das gelingen kann, müssen wir lernen, über unsere Gefühle zu reden. Wir müssen lernen zu sagen »Ich fühle mich …«, anstatt »Du gibst mir das Gefühl« oder »Du bist …« oder »Du machst …«.

Über unsere Gefühle zu reden, ohne den anderen für sie verantwortlich zu machen, das ist eine Sache, die wir nicht richtig gelernt haben. Und die so viel verändern könnte.

Die absolute Wahrheit über Männer, Frauen, Sex und Liebe ist, dass es ein riesiges Geflecht aus Bedürfnissen, Ängsten, Prägungen, Enttäuschungen, Gewohnheiten, Vorurteilen und Missverständnissen ist. Aber dass uns in diesem Dschungel auch wunderbare Gefühle, Überraschungen, Abenteuer, Erfolge, Wachstum und noch vieles mehr erwartet, das sich zu entdecken lohnt.

Aber Vorsicht: Es ist kompliziert.

Nina Deißler gefällt das.

Anmerkungen

Die Wahrheit über Männer

1   Diesen Rekord hält der 47-jährige Brite Nick Bennett. Er besaß 2015 knapp 16 000 Objekte, die etwas mit dem filmischen Doppelnull-Agenten zu tun haben. Ich möchte allerdings der Vollständigkeit halber nicht unterschlagen, dass es eine Frau in Japan gibt, die über 8000 verschiedene Plastik-Nachbildungen von Lebensmitteln und Essen besitzt ... Unnötig zu sagen, dass beide Single sind.

2   Der Darwinpreis ist ein sarkastischer Negativpreis. Er wird seit 1994 an Menschen verliehen, die sich versehentlich selbst töten oder unfruchtbar machen und dabei ein besonderes Maß an Dummheit zeigen. Der Name bezieht sich auf Charles Darwin, den Entdecker der natürlichen Auslese. Quelle: Wikipedia.

Die Wahrheit über Partnerwahl

1   Lippa, RA, 2007 – *The Preferred Traits of Mates in a Cross-national Study of Heterosexual and Homosexual Men and Women: an Examination of Biological and Cultural Influences*

2   Berliner Speed-Dating-Studie *Asendorpf, J. B., Penke, L. & Back, M. D. (in Druck). From dating to mating and relating: Predictors of initial and long-term outcomes of speed-dating in a community sample. European Journal of Personality.*

3   DeBruine, L. M., Jones, B. C., Little, A. C., & Perrett, D. I. (2008). Social perception of facial resemblance in humans. *Archives of Sexual Behavior*, 37, S. 64–77.

4   *Science*, Bd. 322, S. 606, 2008. Lawrence Williams von der University of Colorado in Boulder und John Bargh von der Yale University

223

Die Wahrheit übers Flirten

1   *Die Welt* 13.4.2013: »Der erste Eindruck bleibt, weil er stimmt«

Die Wahrheit über das Verlieben

1   Vaillant, G., Mukamal K. Successful Aging. *American Journal of Psychiatry*, 2001:158, S. 839–847; Vaillant, George E. Adaptation to Life, 1977; Ders. Aging Well, 2002

2   *Psychological Science* February 2010, Eavesdropping on Happiness: Well-Being Is Related to Having Less Small Talk and More Substantive Conversations

Die Wahrheit über Sex

1   Spektrum: 08.08.2014 – Testosteron: Das unterschätzte Hormon

Bildnachweis

S. 42, 56, 93, 97 Computerkartographie Carrle, S.73 Computerkartographie Carrle nach Elitepartner.de / Statista 2015; S. 61 bigstockphoto / Cicero96 und Shutterstock / da_o; S. 91, 99 Franzi Bucher; Herz, Ring, Kinderwagen: Franzi Bucher; Paar: Shutterstock / Danielala; Glühbirne: Shutterstock / Vector Designer; Vorhängeschloss, Werkzeug, Krawatte, Kleid, Lippenstift, Rettungsring: flat-icon.com